わたしの旅ブックス
010

イランの家めし、いただきます!

常見藤代

産業編集センター

ヤズドのアザデの家族。イランでは床に座って食べるのが一般的。[第1章 ヤズド]

ヤズドの中心部にある八百屋。[第1章 ヤズド]

カーシャーンのアガ・ボゾルグ・モスク。夜はライトアップされる。［第1章 ヤズド］

バードギール（風取り塔）。上空の涼しい風を取り込んで家を冷やす。［第1章 ヤズド］

イマームザーデの中央にある棺を前に祈る女性。［第3章 シルジャン］

娘の宿題を見るアザデと娘さん。[第1章 ヤズド]

メイマンド村の羊飼いアリさんが手作りした羊毛のコート。[第2章 メイマンド]

木陰でピクニックをするレイラさん家族。［第2章 メイマンド］

岩山をくり抜いたモスクで礼拝する村民たち。［第2章 メイマンド］

近所の畑で野菜を収穫するアリさんのお姉さん。［第3章 シルジャン］

シーラーズのナシーロル・モルク・モスク。ステンドグラスを通して光が差し込む。［第4章 シーラーズ］

バーベキューの用意をするミラッドさん夫婦（コクダン村）。[第5章 ヤスジ]

村を散歩するミラッドさんの娘さんと親戚の女性たち（コクダン村）。[第5章 ヤスジ]

メイマンド村のミトラさんの家のランチ。[第5章 ヤスジ]

ホラマバードでお世話になったモナの家族と親戚。[第6章 ホラマバード]

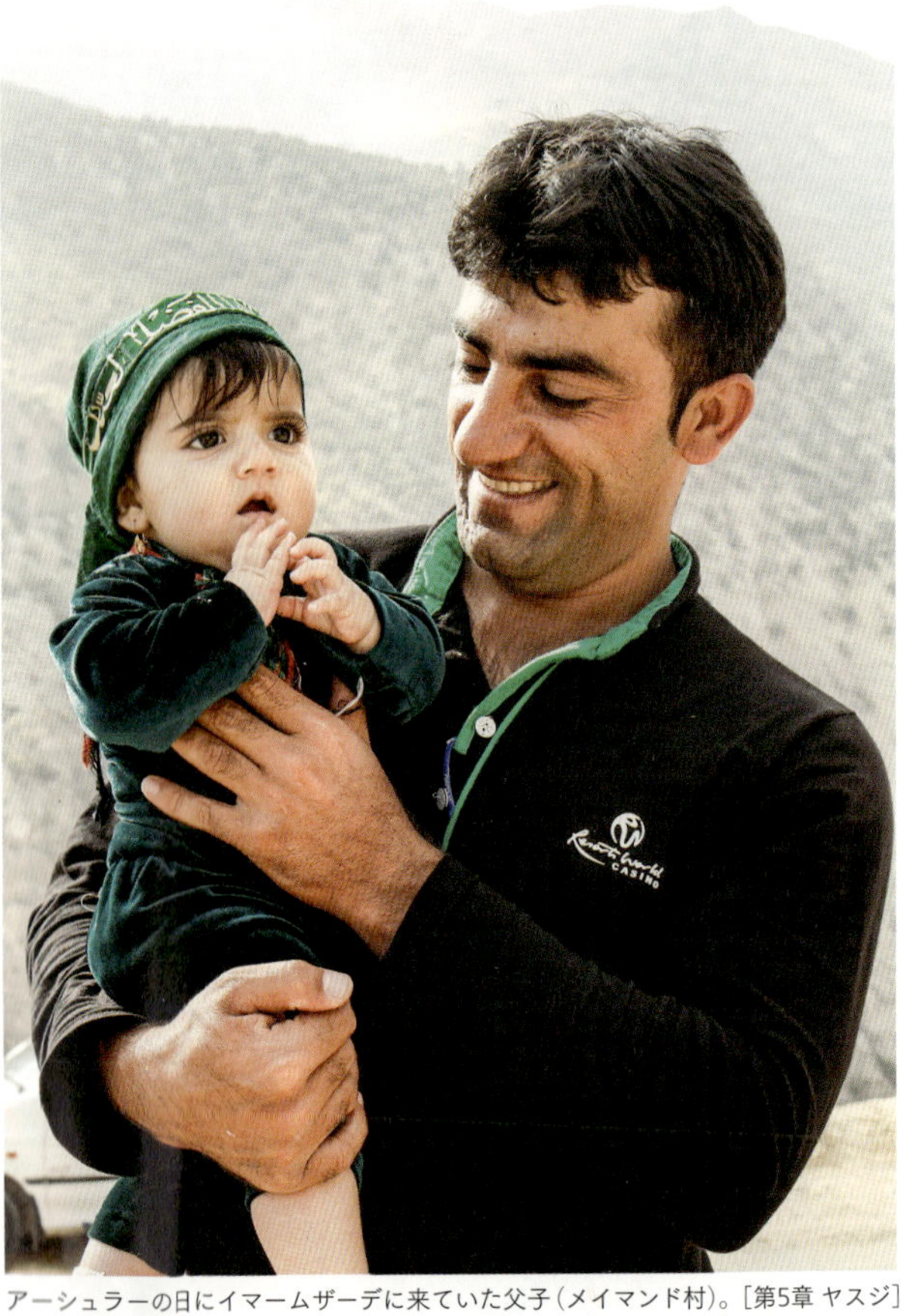

アーシュラーの日にイマームザーデに来ていた父子（メイマンド村）。［第5章 ヤスジ］

はじめに

世界一周をした人に「どこの国が一番よかった?」と聞くと、「イラン」と答える人が多い。とにかく人が温かく親切なのだという。

そんなイランを、現地の家に泊まりながら旅をした。なんの予定も決めず、目的も持たず、20日間という期間だけ決めて。

目的があるとしたら、「なるべくイラン人と交わりたい」ということだった。時期は2015年の10月。

私はイスラム・エスノグラファーと称し、イスラム圏のあちこちで人の暮らしを見聞きしている。イスラム社会に入り込み、そこの生活や文化を記録するのが私の仕事だ。

2003年からはエジプトの砂漠で一人で遊牧生活を送る女性と暮らし、『女ノマド、一人砂漠に生きる』(集英社新書)という本を書いた。過去2回エジプトに暮らし、毎年3回はイスラム圏へ足をのばしている。

「ともに暮らして取材する」が、モットー。その体験を本や写真展などで発表している。

「一緒に暮らせば、深く知ることができる」は表向きの理由で、私自身心を惹かれるからだ。どんな家に住んでいるのか、何を食べているのか、どんな部屋に寝ているのか……。

今回のイランの旅は、仕事ではなく純粋な旅行である。だが結果的には、毎日イラン人の家庭にお世話になった。あらかじめインターネットなどで知り合った人もいるが、ほとんどは現地で偶然知り合った方ばかりだ。

たくさんの出会いの中で、もっとも印象に残っているのは、家庭でいただいた美味しい手料理、それをとりまく温かなもてなしの心である。

家に招かれれば、当然お茶や食事をごちそうになる。一緒に食卓を囲めば、「同じ釜の飯はナントカ」で、言葉はわからなくても、なんとなく和気あいあいとしたムードになる。「食」は人の暮らしの中心であり、食を通じて人と人が繋がっていくものだと思う。

食を通じて見えてくるものも多い。

自宅での料理に手間と時間をかけるのか、外食やテイクアウトが多いのか？　家族そろって食べるのか、別々が多いのか？　日本でいえばスパゲティやピザなど異国の料理も食べるのか、いつも味噌汁や漬物など伝統食ばかりなのか？　手で食べるのか、スプーンで食べるのか？　リビングで食べるのか、台所か？

それらは本書で詳しく述べるが、食のあり方を通して、人々の気質やライフスタイルみたいなものも見えてくる。この本は、言ってみれば「家めし」を切り口に、イラン人の暮らしぶりや人とのふれあいを書いたものだ。


世界中の情報にあふれた時代、残された人類最後の秘境は「家の中」・「家めし」である。実際の秘境とはまた違う面白さがそこにはある。だから読者の方々にも何かしら興味を持ってもらえるのではないかと思ったりする。

本を読みながら、イランの人々と食卓を囲んでいる気分になっていただけたら幸いである。

イランの家めし、いただきます！
目次

イラン地図

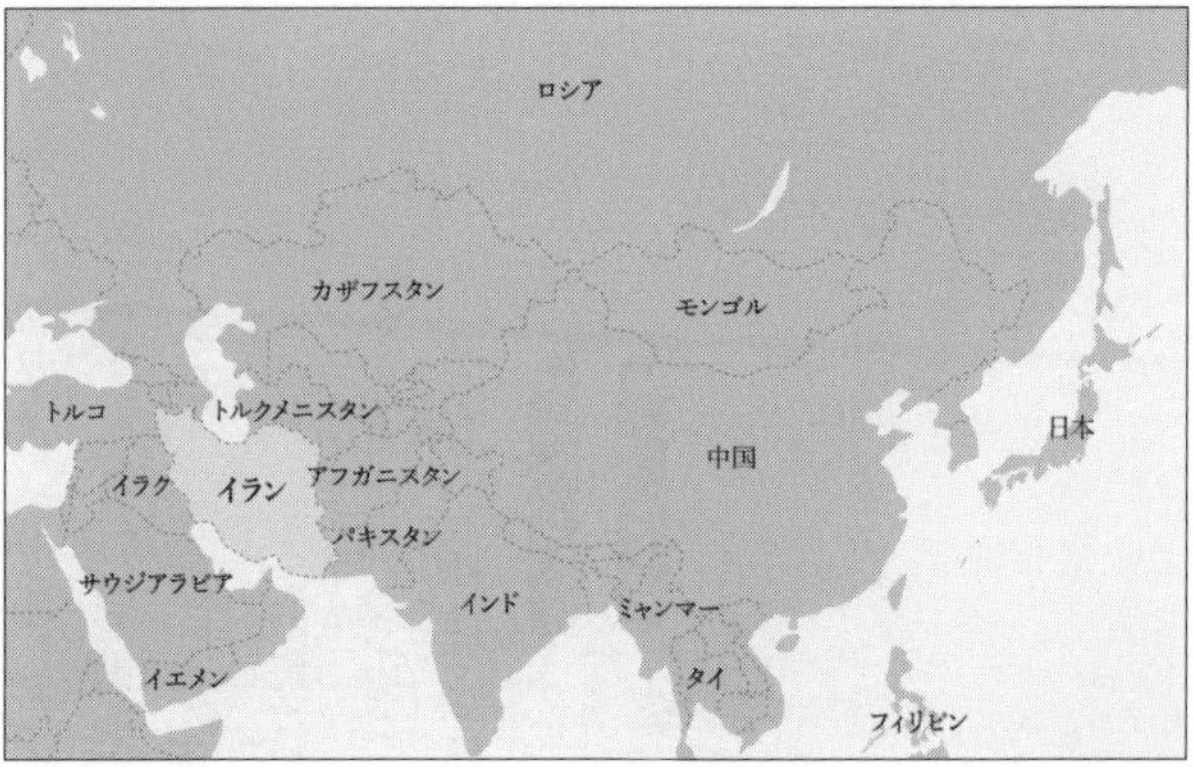
ロシア
カザフスタン
モンゴル
トルコ
トルクメニスタン
日本
イラク
イラン
アフガニスタン
中国
パキスタン
サウジアラビア
インド
ミャンマー
タイ
イエメン
フィリピン

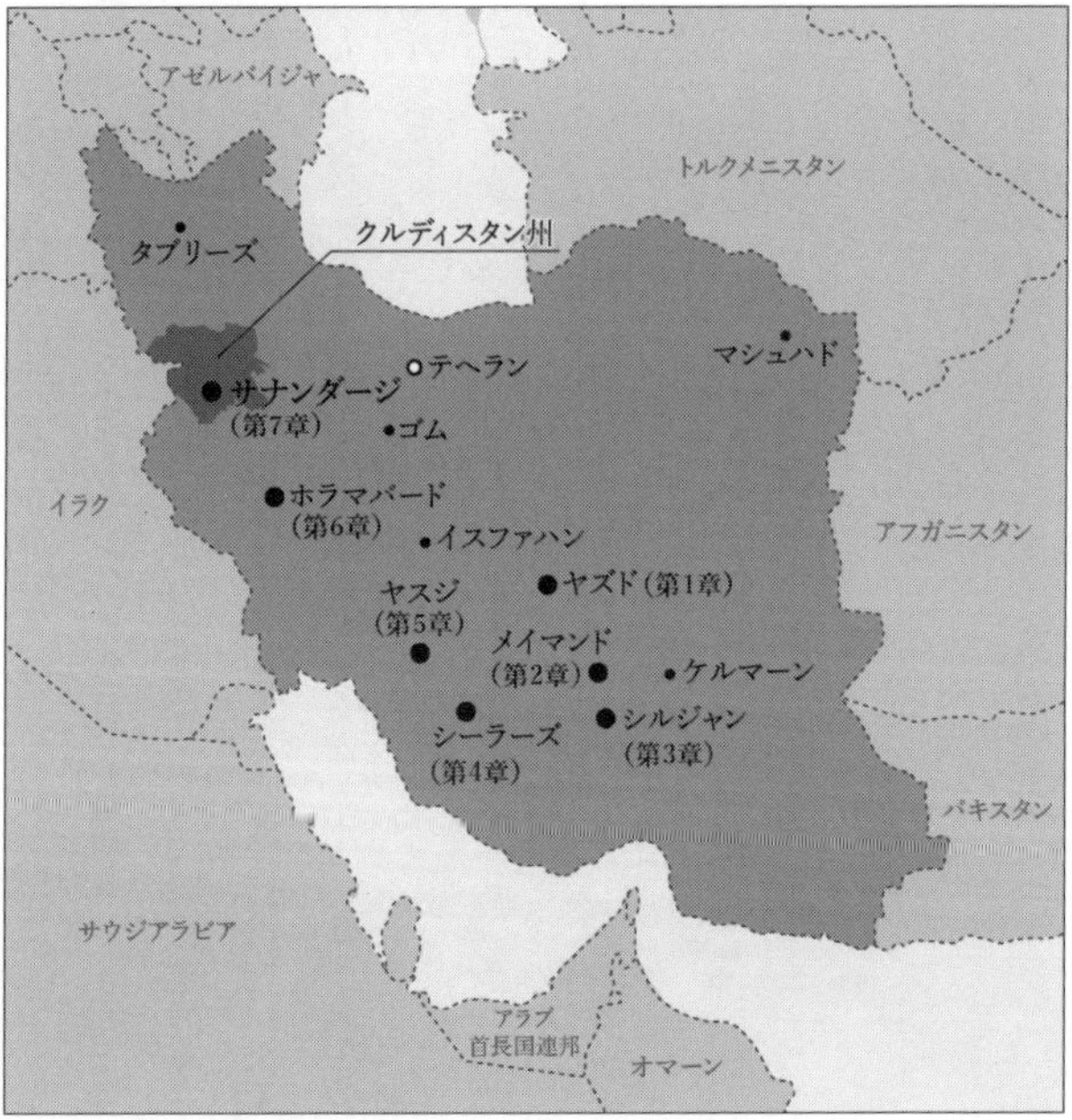
アゼルバイジャ
トルクメニスタン
クルディスタン州
タブリーズ
マシュハド
テヘラン
サナンダージ
（第7章）
ゴム
イラク
ホラマバード
（第6章）
イスファハン
アフガニスタン
ヤスジ
（第5章）
ヤズド（第1章）
メイマンド
（第2章）
ケルマーン
シーラーズ
（第4章）
シルジャン
（第3章）
パキスタン
サウジアラビア
アラブ
首長国連邦
オマーン

第1章

ヤズド

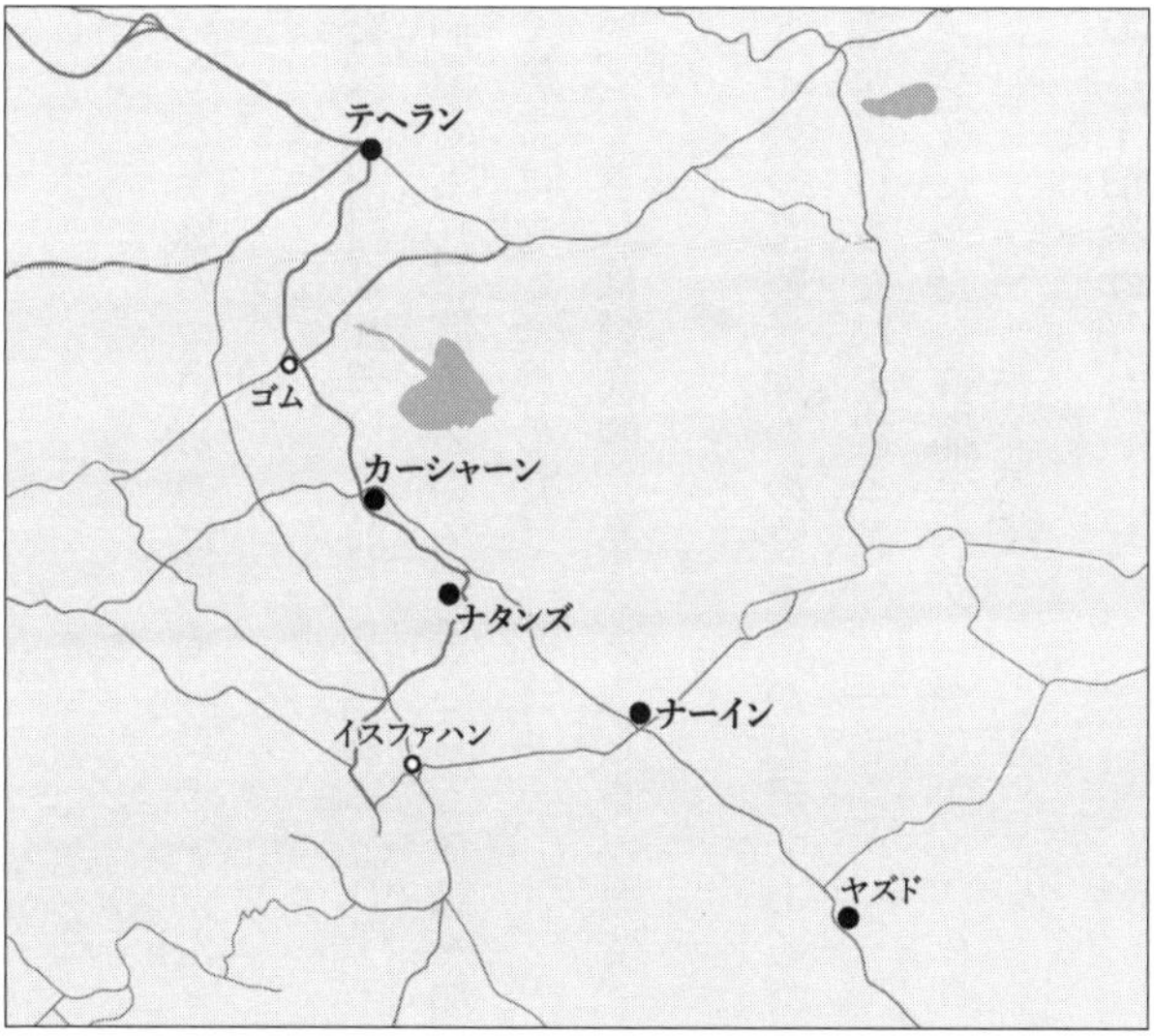

ニヤけた顔のお父さん

イランでヒッチハイクなどと、とんでもないことを思いついたのは、それがイラン人と知り合う1つの手段ではないかと思ったからだ。

それまでに3回イランを旅したことがあった。1回目は20年以上前、2回目は2011年、3回目は2015年7月。最後の2回は両方とも10日間くらいで、どちらも体調を崩し、半分くらい寝込んでしまった。満足のいく旅ではなかったのだ。

今回こそは万全な体調でイランを楽しみたい。できれば徹底的にイラン人とまみれて。その手段の1つがヒッチハイクだと思ったのだ。

イランの旅といえば、イスファハンやヤズドといった観光地をめぐるのが王道である。私はどちらも訪れたことがあり、今回は別の場所に行きたいと思った。

そこでまず向かったのが、カーシャーンという町だった。首都テヘランから南へ260キロ、テヘランとイスファハンの中間にある。

先を急いでいたこともあり、カーシャーンでは1泊だけした。

日本ではあまり知られていないが、カーシャーンは他の観光地にも匹敵する魅力的な町だ。「美しいタイルの町」を意味するこの町は、古くからタイルや陶器、絨毯などの生産で栄えてきた。旧市街には伝統的な日干しレンガの家々が並び、ヤズドの古い町並を彷彿とさせる。

バーザール（伝統的な市場）は何時間歩き回っても飽きることがなく、夜にライトアップされるアガ・ボゾルグ・モスクはとりわけ美しかった。次回はぜひゆっくり滞在したいものである。

カーシャーンから向かったのは、北部のビール砂漠の中の「クー」と「ガルメ」というオアシスの村だった。

英語のガイドブック『ロンリープラネット』の記述にひかれたのである。そこには、「ヤシの木に囲まれた1500年の古さの土の家々がある村で、すばらしくリラックスでき、これ以上イラン人のホスピタリティを感じられる場所はない」とあった。これは行くしかない。

クーに行くには、まずナーインという町に行き、そこでバス等を見つける必要があるようだ。

ナーインまでの車はどこなら拾えるか？　漠然とカーシャーンの駅前なら可能ではないかと考えた。


朝8時、カーシャーンの駅前に立って、止まってくれる車を待った。が、どうもうまくいかない。通るのは男性一人の車ばかりで、どれも私を興味深そうに眺めていく。ほとんど舐めるような目つきの男もいる。

私の様子を見かねて、近くにいた男性が近づいてきた。

「ナーインに行きたいのか？　だったらここじゃダメだ。ミダン（交差点）に行かないと」

そこにたまたま通りかかった車を止め、私を交差点まで乗せてくれるよう頼んでくれた。ドライバーはサングラスの若い男性だ。

交差点にはタクシーが2、3台止まっていた。サングラスの男が、「この人がナーインまで行きたいんだって」とタクシーの運転手に説明しているところに1台の家族の車が通りかかり、手をあげるとすぐに止まってくれた。タクシー運転手たちが車の主に説明してくれ、なんと乗せてくれることになったのである。

運転手は薄茶色のワイシャツを着た40代くらいの男性だった。助手席には5歳くらいの男の子、後ろには10歳くらいの女の子が。子連れなら安心だ。

助手席の男の子はアメをなめながら前と後ろの席を行ったり来たり。女の子は私と目があうと、恥ずかしそうに静かに笑う。紺色の制服を着た利発そうな子だ。

やがて1車線だった道路は2車線になった。砂漠の風景が続く。

女の子がカバンの中からノートを取り出した。

「AMERICA?（あなたはアメリカ人ですか？）」

と書いて私に見せた。

「ううん、日本だよ」と言うと、運転席のお父さんに「日本だって」と言い、ふーんと嬉しそうな顔をする。

「ナタンズに行くの？」

と女の子。ナタンズはナーインの手前にある町だ。彼らはナタンズに行くらしい。

「ナーインだよ」と言うと、お父さんと何やら話し合っている。

「ナーインまでいくらだ?」

お父さんが私に聞いた。お金を払えばナーインまで連れて行く、ということらしい。そのつもりはないので、あわてて「ナタンズで降りるから」と伝える。

道はゆるやかなアップダウンを繰り返す。時折ヒツジたちの放牧風景が現れたりするのどかな風景の中、ナタンズに到着した。カーシャーンから40分ほど。街路樹があり、静かで綺麗な町だ。

途中で子どもたちは降りてしまい、車の中にお父さんと私だけ残された。

「これからナーインに連れて行くよ」

突然お父さんが言った。

「お金は?」

「タダでいいよ」

さっきはお金払えって言ったのに。

助手席をとんとんと叩いて「ここに座れ」という。どうして席を移動しなければならないのか、わけがわからない。

断ると「いいから、いいから」。「本当にタダなの？」「そうだよ。だからここに座って」「ここでいいです」……そんなやりとりを繰り返しているうちに、気づくと人の良さそうなお父さんの顔がニヤけた表情に変わっている。怪しい気配を感じ、礼を言って車を降りた。

警官がヒッチハイク

美しい並木道だった。涼しい風が吹いている。車を探すのには好都合だ。

とはいうものの、ここはいったいナタンズのどのあたりなのか？ ナタンズに来る予定などなかったから、地図も持っていない。近くに広場が見える。そこに行けば車があるかもしれない。

広場にいた背広の紳士に「すいません、英語話せますか？」とたずねると、「この人が話せるよ」と近くの車の中にいた女性を呼んだ。サングラスをかけた恰幅のいいご婦人だ。

「ナーインに行きたいのですが、どこなら車が見つかるでしょうか?」

「どうやって? バス? 電車? タクシー?」

どれもノーといい、「カー(車)で」と言っても通じない。ヒッチハイクなど、イラン女性には考えもつかないことなのだろう。横で聞いていた背広の紳士が「金がないのか? だったら、これを使いなさい」と、財布から5千円相当のお金を取り出した。

いやいや……とんでもない。

なんとか「ナーインまでの車が見つかる場所に行きたい」ということは理解してもらえて、婦人がそこまで車に乗せてくれることになった。

彼女はイギリスに住んでいて、休暇で故郷のナタンズを訪れているという。もちろん英語はペラペラ。「どのくらいイラン旅行してるの?」「いつ来たの?」「イラン何回目?」「一人?」「子供は?」……弾丸のように次々私に質問を投げかける。

そして私の答えにいちいち「ワーオ!」、「オーマイガッド!」、「グレイト!」などと大げさに驚きながらゲラゲラ笑っている。私が話したのはイランは3回目、一人で旅行、子供はいない、ということだけ。それほど驚くこととも思えないが。

車で市内をぐるぐる走り回ったものの、結局ナーインへの車を拾える場所がわからず、元の交差点に戻ってきた。

「ナーインに行く車が見つかる場所は遠いみたいだから、夫がタクシーをつかまえに行ったわ」

ほどなくご主人が現れた。

「あそこにタクシー呼んできたよ。もうタクシー代は払ってある」

ああ、かたじけない。

その「車が見つかる場所」はすぐ近くだと思ったら、タクシーで10分もかかった。いったいタクシー代はいくらだったのだろう?

何もない荒野のような場所だった。車は2、3分にやっと1台通るくらい。男一人の車ばかりで、明らかに誘ってくるような人もいる。イランで女がヒッチハイクするということが、どういうことなのか、ようやく私にもわかってきた。

ナタンズで車を見つけるのを助けてくれた家族。右がイギリス在住のご婦人。

その時、1台の車が通り過ぎ、またUターンして私の方に戻って来た。

運転席の窓があき、私を手招きする。チェックのシャツを着た頑丈な体型の男だった。近づくと、彼はポケットから手帳のようなものを取り出した。

「アイアム・ポリス」

（どきっ！）

「パスポート見せろ」

私服警察だった。一気に心臓の鼓動が高まる。

い、いったい、私が何をしたと……？

私のパスポートをパラパラとめくりながら、「イラン2回目か？」。そしてビザのスタンプをじーっと見ている。

「仕事は何だ？」

それ以外、英語が話せない彼とは会話が続かない。持っていた『旅の指さし会話帳イラン編』を見せて話をしようとするものの、彼はただパラパラとめくって眺めるだけ。

なぜか私を見てニヤニヤしている。

いったい何が問題なのか？　スパイ容疑？　麻薬？

ニヤニヤしているところを見ると、ひょっとして売春婦疑いか？　まったく、とんでもない。

ともかく言葉がわからないほど不安をかきたてられることはない。

彼は携帯を取り出し、どこかに電話している。

10分ほどして、オートバイに乗った2人の警官が現れた。一人は風船のような体型で、お腹がベルトよりも10センチほど前にせり出している。

いったい、どうなるんだろう……。

「おい、これ見てみろ」

私服警官が2人に会話帳を手渡した。2人がしばらく食い入るように眺めている。が、一転してなごやかムードに変わった。ページをめくりながらゲラゲラ笑い出したのだ。「おっ、こんな言葉も載ってるぞ」、「ははは、おもしろいなあ」……そんな感じだろうか。

お腹がせり出した男が私のところに来て、あるページを指差した。そこには「心配ない」の単語が。

　ほっと胸をなでおろす。でもそれなら、早く解放してくれないかなあ。彼らはあいかわらず本のページをめくりながら笑い合っている。

「タクシーに乗らないのか？」

　お腹がせり出した男が私に聞いた。

「普通の車で行きたいんです」

「タクシーに乗れ」「普通の車で行く」「タクシーで行け」……1分ほど押し問答が続き、彼らは私を説得するのをあきらめたのか、なんとヒッチハイクを始めたのである。

　通りかかる車を片っ端から止める。中をのぞき、男だけの車ならパス。

　10台くらいをやりすごした後、1台の車が止まった。家族の車だった。私を乗せてくれるという。

予定外のヤズド行き

運転手は30代くらいの大柄の男性だった。助手席には老女が、後ろに若い女性が2人座っている。私のスーツケースを後ろの荷台に入れようとしたが、すでに荷物でいっぱい。後方座席の女性が膝にかかえ持ってくれた。私はリュックもあったからだ。申し訳ないと思って彼女たちを見ると、ニコニコと笑っている。そのおだやかな微笑に、たちまち緊張がほぐれていく。

若い女性の一人が少し英語が話せたので聞くと、運転しているのは彼女のご主人、助手席がそのお母さん、私の隣がご主人のお姉さん。彼らはヤズドに暮らしていて、ゴムに巡礼に行った帰りだそう。ゴムはイスラム教シーア派の聖地。テヘランから南へ1時間ほど行った場所にある。

「どこに行くんですか?」

運転席の男性が私に聞いた。

「クーです」

「クー？」

彼は宙を見るような顔をした。携帯を取り出し、誰かに電話している。それを私にバトンタッチした。

「僕のいとこだよ」

イランでは突然知らない相手と電話で話さなければならないことが、よくあるのだ。

「ハロー？　あなたの名前は？」

電話口で若い女性が言った。

「どこに行きたいのですか？」

きれいな英語で聞く。

「クーです」

「クー？　それはどこですか？　聞いたこともないわ」

彼女は続けた。

「このファミリーが、ヤズドの自分たちの家に来てほしいんですって」

え!?　いきなりの展開だ。

イランやイスラム圏にいると、日本の常識みたいなものがしばしば覆される。知り合ったばかりの他人を気軽に家に呼んだりしないとかいう。

20年前に初めてイランに来た時もそうだった。有名な遺跡で、公園で、バスの中で、たまたま知り合った人の家に呼ばれることが何度もあった。その甘やかな記憶が強く残っていたために、2回目、3回目の旅でほとんどそれを体験できなかったことが心残りでもあり、「もっとじっくりイランを旅したい」と思ったわけである。

「いいんですか？」

「ええ、もちろんです」

ヤズドは2回訪れたことがあり、今回行く予定はなかった。が、こうなれば話は別だ。それにポリスに捕まったおかげで、だいぶ時間をロスしてしまった。今日のうちにクーに着くのは無理があるかもしれない。暗くなったら移動も難しくなる。ありがたいお言葉に甘えることにした。

「ランチ食べますか？」

隣の女性が聞いた。時刻は3時くらい。

助手席のお母さんからサンドイッチが回ってきた。スパイスがきいた肉や野菜が詰まっていておいしい。さらにリンゴ、オレンジ、ザクロと、次から次へと果物が回ってくる。どれも味が濃い。リンゴは日本より小ぶりで、濃厚な甘みがある。そして食後はお茶。

外はひたすら土漠の風景が続く。

運転席の彼が時々冗談を言い、後ろの2人がケラケラと笑う。何がそんなに面白いのか……。ペルシャ語がわからないのが残念でたまらない。そして運転しながら音楽に合わせて踊り始めたりするので、ハラハラドキドキする。その合間に「カー・イズ・ビューティフル？（僕の車は美しい？）」と私に向かってたずねるので、「はい、とっても」と答えると、喜んでまた踊り出す始末。

途中ドライブインでトイレ休憩。お母さんがトイレの水道で果物を洗う。

さすがにもう食べ物はおしまいだろうと思っていると、その後もオレンジ、デーツ（なつめやし）、リンゴ、ザクロ……と、外が暗くなり始めても食事タイムが続き、夜7時近くに家に到着した。

弁護士・看護婦・テイラー

それは一見地味な土壁の家だった。

が、中に入ってびっくり！　目の前に畳20畳分はありそうなリビングが。

イラン人の家に招かれて、とにかく驚くのはその広さだ。ごく一般的な庶民の家であってもである。そして物がなく、すっきり片付いている。

私が呆然としていると、

「ハーイ、私はアザデよ。あなたは？」

タンクトップに半ズボン姿の美女が握手を求めてきた。運転していた男性の姉だという。

すでに私のことを聞いていたらしい。

「疲れてない？　何か必要なことないかしら？」

とまどう私に「シャワー？　トイレ？　それとも眠りたい？」「疲れてたら、隣の部屋で横になっていていいわよ」などなど、気を使ってくれる。

ゴムの名物菓子ソーハーンとお茶をいただきながら、彼女と話をする。ソーハーンはピスタチオ、サフラン、カルダモンなどが入ったクッキーだ。しっかりした甘さとカルダモンの上品な香りがくせになる。

そこへ次々に子連れの女性がやってきた。アザデの姉たちだ。一人は弁護士、一人はテイラー。ちなみにアザデは看護婦だ。それぞれ結婚して別の家に暮らしているが、夕食は毎日この母親の家で食べるという。父親が1年前に事故で亡くなり、お母さんがさみしくないように、という配慮である。

アザデが礼拝を始め、その間お姉さんたちが手早く夕食をつくる。タマゴと小麦粉をまぜてフライパンで焼いたもの。それにスープとごはん。

広間の床に「ソフラ」という布を広げ、その上に料理を並べる。イランでは床に座って食事するのが一般的だ。

アザデの隣で食べながら、「なんで看護婦になったの?」と聞いてみた。

「医者になりたかったけど、なれなかったからよ」

不妊治療で有名なドクターのもとで働いているそうだ。イランでも子どもができない夫婦が増えているとのこと。「添加物が入った食べ物が増えたり、ストレスなどが原因」と

アザデたちの夕食。大人数で食べれば、とりわけおいしい。

いうのが医者の見解だそう。

アザデには7歳の娘が一人いる。夫はもう一人欲しいそうだが、彼女は一人で十分とのこと。

「そういう場合、どうするの？」

「きまってるでしょ、産むのは女よ」

ほとんどの女性は出産しても働くそうだ。産休は6カ月間。「いずれ10カ月という法律ができるかも」と彼女。保育園にあずけて働く女性もいて、保育園料は月3千円くらいだそうだ。

テイラーをしている姉は、17歳の時から働いているそうだ。

「仕事は楽じゃないわ。奇抜なデザインを望む人が多いんだもの」

親戚の結婚式の衣装はすべて彼女が作るそう。後で見せてもらったアザデの結婚式の衣装も、彼女がデザインしたもの。胸の谷間が強調された衣装で、日本の方がよっぽど地味だ。

テイラーの姉には娘が2人いて、そのうちの一人が「さっき電話で話したのは私よ」と声をかけてきた。声は大人びていたが、まだ12歳だという。

その彼女に「テイラーになりたい？」と聞くと、

「大変だからやめとくわ。医者になりたい」

医者の方が大変だと思うが……。

「イランで女性は結婚しても自由に働けるの？　夫がダメと言ったらどうなるの？」

「それでも話し合って、だいたいＯＫになるわ」

「政府の中には女性が仕事をするのを好まない人もいるけど、私たちはおとなしく従ってないわ」

と勇ましい。

そこへアザデの夫が遅れて登場。部屋にいた女性たちが、さっといっせいにスカーフやチャドルをかぶる。12歳の彼女も。「私たちはイスラム教徒だから」とアザデ。チャドルの下の一面をちらっと垣間見た気分だ。

ジャグジー風呂にリビング3つ

アザデのお母さんの家に泊まった翌日、アザデがお母さんをランチに招待するのに合わせて私もお呼ばれし、そのままアザデの家に泊まることになった。

昨日車を運転していた弟とその奥さん、お母さんと私の4人でアザデの家へ。

途中、八百屋に立ち寄る。

ぶどう、かき、りんご、バナナ、白菜やキャベツなど、日本でおなじみの野菜や果物が並ぶ。白菜は日本のものに比べて、やや小ぶりだ。大きな西洋カボチャもある。

日本では野菜や果物は袋づめされたものを買うが、ここでは量り売りだ。チャドル姿の女性が、バナナをいくつかもいで秤に乗せている。

お母さんがしなびれた野菜をどっさりと買いこんでいる。不思議に思ったら、アザデの家で飼っているニワトリに与えるものだった。

「待ってたわよ」

タンクトップにホットパンツ姿のアザデが出迎えてくれた。

そこはまさに「豪邸」だった。リビングが3つもあるのには驚いた。その全てが落ち着いた淡い茶色の内装で統一されている。リビングに隣接するキッチンは白と黒の空間。こちらはゆうに畳8畳の広さ。

夫婦の寝室は濃いピンク、娘の部屋はショッキングピンクと内装の色使いが憎い。娘の部屋にある屋根つきのベッドの天井からは、ぬいぐるみがたわわにぶらさがっている。2階はご主人の書斎。隣にはジャグジー風呂があるバスルームが。広い屋上もあり、夏はよくここで涼むそうだ。

全ての部屋に絨毯がしかれている。階段にまで。家全体でざっと30枚は絨毯がある。いったい洗濯はどうしているのか？　そっちの方が気になる。

「イラン人って、みんなこんなに広い家に住んでるの⁉」

驚いてたずねると、

「ヤズドの平均よりは広い方ね。おかげで貯金がすっからかんよ」

貯金だけでは足りず、ローンも組んだ。5年ローンで、残りは2年。

夫婦とも30代前半だが、その年でこんな豪邸に住めるとは。しかも場所はヤズドの中心部から車で7、8分。ちなみに彼女の月給は5万円ほどで、イランでは平均的な額だ。

ご主人は絨毯ショップを経営。知り合ったきっかけは、病院の同僚の女性の紹介だ。彼女の弟だったそう。

「自分は今はあまりお金がないけど、絨毯の商売をするために頑張っている。今にきっと成功してみせる」がプロポーズ。

「私はその時26歳で、ある程度いろんな男の人を見てきたから、彼が口先だけの人かどうかわかったわ」

とアサデは言うが、この家を見れば、彼の根性がホンモノだったことが十分にわかろうというものだ。

戸口に立って外をながめるアザデ。

絶品ナス料理

さて、アザデの料理である。まずはチキンのトマト煮込み。

フライパンに油をしかず、じかにタマネギ、ニンニクを置き、その上にチキンをのせる。塩、コショウ、ターメリックなどで味付け。

チキンに加えるトマトソースを作る。材料はトマトの缶詰、瓶入りの市販のレモンジュース、酢。これらをよくかきまぜる。

このトマトソースをチキンにかけたら、弱火で2時間煮込む。イラン人はとにかく煮込むのが好きだ。驚いたのは、翌朝彼女がアーブグーシュト（肉とじゃがいものトマト煮込み）を火にかけ、そのまま仕事にでかけてしまったことだった。夕方帰ってくるまでそのままだ。「だいじょうぶなの？」と聞くと、私が驚いていることに逆に驚いている様子だった。「ガス代がもったいない」というのは日本人の杞憂。資源大国イランでは、そんなことはどこ吹く風らしい。

次はナス料理。これは庭で育てているナスを使う。皮をむいたナスを油をしいたフライパンの上で加熱。同時にトマトソースを作る。タマネギを油でいためパ、缶詰のトマトペースト、塩、胡椒を加える。ナスがやわらかくなったら、このトマトソースの中へ。

それからごはん。

ごはんには必ずおこげを作る。おこげの材料はジャガイモが多い。アザデはフライドポテト状に切ったジャガイモを米を炊く鍋の底にしいた。キュウリを使うこともあるという。

「でもジャガイモが一番おいしいわ」とアザデ。

盛り付ける時は鍋を逆さにし、おこげが上にくるようにする。そこへサフランや「ゼッリーシュ」という真っ赤な果物の実で飾りつける。

それから「マストキア」。キュウリ入ヨーグルトソースだ。ミキサーでキュウリとタマネギを細かくし、ヨーグルトに入れる。これに乾燥ミント、バラの花びらなども入れる。ニンニクを入れることもあるそうだ。

ご主人が仕事から帰ってきて、皆でそろってランチ。とりわけナス料理が絶品だった。ナスはやっぱり油と相性がいい。私はそれまでナスがあまり好きではなかったが、帰国してから頻繁にナス料理を作るようになった。それくらいインパクトがあったのである。

家めしレシピ❶

アザデさんの家の「なすトマト煮込み」

❶ナスの皮をむく。油をしいたフライパンの上に置いて加熱。

❷トマトソースを作る。タマネギを油で炒め、缶詰のトマトペーストを入れ、塩、胡椒を加える。

❸ナスがやわらかくなったら、トマトソースに入れて煮込む。味を見ながら塩加減を調整。

甘さひかえめシュークリーム

ランチのあと昼寝するというアザデたちを残して、ヤズド観光に出かけた。

ヤズドといえばゾロアスター教だ。これは紀元前からあるイランの宗教で、ヤズドには古くからゾロアスター教徒が多く暮らしている。イランは国民のほとんどがシーア派イスラム教徒だが、ヤズドは人口の約10パーセントがゾロアスター教徒だそう。

その関連名所が「沈黙の塔（「ダフネ」）」だ。死者を鳥に食べさせる「鳥葬」を行なっていた場所で、ヤズドの町のはずれにある。荒涼とした砂漠の中に高さ50メートルほどの丘があり、その頂上に丸いくぼみがある。死体を置いていた場所だ。

ゾロアスター教は火、水、土を神聖なものとしていたため、それらを汚す火葬や土葬を嫌った。そのため鳥に食べさせる方法をとったそうだ。その後鳥葬は禁止されたため、今この塔は使われていない。

ダフネは以前訪れているので、今回はヤズド中心部を観光することにした。向かったのは町のヘソ「ベヘシティ広場」。そこを南北に貫いて伸びるメインストリートの「イマーム・ホメイニー通り」をぶらぶらする。

初夏のような気候の中、通りの店を冷やかしながら歩く。コピー屋、雑貨屋、ケータイショップ、金物屋、八百屋などが並んでいる。両替屋もある。

歩いているのは意外にチャドル姿の女性が多い。「意外に」というのは、イランの都市部にはジーパン姿の女性も多いからだ。特に若い女性はそうである。

チャドルは一枚布をぐるりと体全体に巻いたもので、布をつかんでいないとずり落ちてしまう。始終片方の手がふさがっているのは不便そうだが、慣れればそうでもないのかもしれない。チャドル姿の女性が多いからか、人々の歩く速度もテヘランなどよりゆったりと感じられる。

同じ通りに数軒のお菓子屋が並んでいる。商品はどこも一緒で、店頭のガラスケースにクッキー、ケーキなど並んでいる。同じような物を売る店が並んでいて商売になるのだろうかと思うが、イラン人は超がつくほどの甘いもの好きだから、ちゃんと成り立っているのだろう。

シュークリームを見かけたので、買ってみた。クリームの甘さは日本のよりひかえめ、外側のシューはやや固く、クッキーみたいだ。

しばらく歩くと、ヤズドの名物甘味「ファルデ」を発見。これはしらたき状の白い寒天に甘いシロップをかけて食べるもの。店の中でチャドル姿の女性たちが食べていたので、入ってみた。

プラスチックのお椀に砕いた氷、シロップ、寒天、水を入れ、よくかきまぜて食べる。このシロップがとにかく甘い。寒天だけすくって食べたいが、渡されたのはスプーンで、甘いシロップも一緒にすくってしまう。結局甘すぎて全部は食べられなかった。

さらに歩くと「イマームザーデ・ファーゼル」があった。イマームザーデとは、イマーム（宗教指導者）やその子孫を祀る廟のことだ。

入り口でチャドルを着せられる。白い生地に小さな花柄模様。チャドルは黒ばかりではないのだ。中は男女の空間に分けられている。内部はきらびやかな総鏡張りだった。イマームザーデの内部はなぜか皆そうである。

中央の棺の周りで、何をすることもなく、ただたたずむ女性がたくさんいる。棺に顔を近づけ、5分間ずっと身動きしないジーパン姿の女子学生の姿も。かと思えば、おしゃべ

ヤズドのお菓子屋。シュークリームやケーキなどが売られている。

りに興じる若い女性たち、横になっている人、数珠のようなものを手に持って何かぶつぶつぶやいている人もいる。

一人の女性が豆を配って回っている。女子の2人連れがサンドイッチを広げて食べている。モスクや聖者廟の中で物を食べる人はけっこう多い。ここはゴロンと横になろうと物を食べようと、女だけなのですごく気楽だ。

離婚して正解!

さて、ここまでは新市街。ヤズド市内の観光のハイライトは、なんといっても旧市街である。そこは細い路地が複雑に入り組んだ、まさに迷宮だ。

迷いながらマスジド・ジャーメ（金曜モスク）にたどり着いた。ヤズドの中心的なモスクだ。このミナレット（礼拝の呼びかけのための尖塔）は、イランで最も高いという。

モスクの中庭は通り道にもなっていて、チャドル姿の女性たちが途切れることなく歩いていく。

帰りは女性タクシー運転手の車に乗った。

イランの町中には流しのタクシーもあるが、近所の店などに頼んでタクシー会社に電話してもらうこともできるし、その方が安心だ。そこでイマーム・ホメイニー通り沿いの一軒の商店に「タクシーを呼んでくれ」と頼むと、向かいにあるタクシー会社の事務所を紹介された。

中で待機しているのは、ほとんどが女性ドライバーだった。この国には女性タクシー運転手が多い。首都テヘランだけでも約500人いるそうだ。男女隔離が徹底しているので、見知らぬ男性の車に乗りたくない女性も多いのだろう。

「さあ、乗って」

小太りの女性ドライバーが私を車に促した。

アザデの住所が書かれた紙をちらりと見ると、すぐに車をスタートさせた。

本当に着けるのかな？

「子どもはいるの？」

いきなり彼女が聞いた。いないというと、「夫は？」。彼女にも同様のことを聞き返す。

子供はいないそうだ。結婚しているのかと聞くと、「別れた」。なぜかと聞くと、英語でうまく説明できないらしく、しばし考えてから照れ笑い。それでも「離婚してせいせいしてるわ」と言いたいのだけは、十分に伝わってきた。

話しているうちにあっという間に家の近くまで来た。スピードを落として、道行く男をつかまえては場所を聞く。「ちょっとそこのあなた、○○ってどこ？」といった具合に3、4人の男に道を聞き、すぐにたどり着いた。なかなかお見事であった。

アザデの家まで運転してくれたタクシードライバー

イラン最古のモスクがある村

ヤズドに来て3日目。この日もアザデの家に泊まらせてもらい、日帰りで近くのファハラジ村を訪れた。ヤズドの南東50キロにある村だ。ここにイラン最古のモスクがあるという。「村は庶民的で味がある」というガイドブックの記述にも惹かれたからだ。

ヤズドの町外れにあるバスターミナルからバスは出発。砂漠の中の一本道をバスはひた走る。周囲はほとんど何もない。なぜか乗客はチャドル姿の女性ばかりだ。男性は2、3人しかいない。この女性たち、いったい何をしに行くのだろう？

1時間ほどでファハラジに到着した。目指すモスクはバス停前の脇道を入ったところにあった。

外の日差しが強いが、モスクの中はひんやりしていた。しかも嬉しいことに、中には誰もいない。

土でできたモスクは、どっしりとした柱で支えられていた。壁が所々少し崩れ、表面の化粧がはがれかけている。それが古ぼけた味を出していて、なんとも良い感じ。床一面には赤い絨毯がしきつめられている。

建物は中庭を囲む形になっていて、そこから見上げれば、青い空が。

チクチクチク……。

壁にかけられた時計の針の音だけがする。ときどき鳥のさえずりが聞こえ、遠くでバイクが走る音がする。ずっとこうしていたい気分だ。

学校にアポなし訪問

再び炎天下の中へ。

それほど大きな村ではなさそうだし、とりあえず端まで歩いてみよう。

モスク周辺は廃墟になっている家が多かった。日陰を探しながら20メートルくらい歩くと、また別のモスクがあった。女性が運転する車やバイクの2人乗りが通り過ぎていく。

5分くらい歩いたところに学校があった。校庭で男の子たちがボール遊びをしている。

ファハラジ村のモスク「マスジド・ジャーメ」。

男子校のようだ。

旅先で学校を見つけると、必ず入ってみる。学校は社会の縮図。学校を見ることで、その国が見えてくると思うからだ。

まずは職員室へ行って挨拶。中にはイケメンの若い先生がいて、すぐにお茶とお菓子を出してくれた。あまりにもウェルカムな対応にちょっとびっくり。喉がかわいていたので、お茶がおいしい。イランのお茶はあっさり目で、濃い目のお茶が好きな私には少々物足りないが、喉がかわいている時はこの方がうれしい。

イケメン先生に学校のことを聞いた。この学校は男子小学校で各学年それぞれ1クラス、生徒数は約100人。先生は9人いて、みんなヤズドから来ているという。行きのバスに乗っていた女性たちは、きっと先生だったに違いない。ちなみにファハラジの人口は4千人ほどだそうだ。

若い女の先生が入ってきた。まだ24歳。先生になったら、最初の1年は必ず村で働くことになっているそうだ。「教えることが好きだから先生になった」と彼女。学校は朝7時から午後1時まで。毎朝6時に家を出る。大変だなあ。

イケメン先生に教室を案内してもらった。11歳のクラスだ。

私が入っていくと、全員がさっと立ち上がった。

「ウェルカム、ミス……」

声をそろえてあいさつする。まあ、すばらしい！

制服の子もいれば、私服の子もいる。基本的に服装は自由だそうだ。

生徒は20人ほど。

「日本ではどのくらい？」

「うーん、35人くらいとか……」と言うと、イケメン先生は驚いている。

「先生が2人いるの？」

「いや、1人です」

ともかく、学校は社会の縮図。入り口で門番に問い詰められることもなく、とてもオープンだった。まさにイラン的。

〝既婚〟女子高生たち

ついでに女子校にも行ってみた。

入ってすぐの部屋に校長らしき女性がいた。電話中だったが、私を見るとすかさず戸棚をあけ、中に入っていたお菓子を出してくれる。何の断りもなく入ってきたのに、なんと友好的なことか。

思わず手がのびる。ココナッツ味のクッキーだった。卵白が入っているらしく、口の中でしゅーっととろける。

そこへメガネの女性が入って来た。英語の先生だ。ここの先生もみんなヤズドから来ているそう。この学校は中学と高校の一貫校。生徒数は87人。

12歳の教室を案内してもらった。

私の姿を見るなり、全員がまたさっと立ち上がった。

「ハロー、ハワーアーユー？」

一斉にあいさつ。しばらくしてからカメラを向けると、授業そっちのけで撮影大会に

電話中の校長先生と私に出してくれたお菓子。

カメラを向けるとピースをする女子学生たち。

なった。ピースサインしたり、「一緒に写真を撮っていいですか？」と、スマホを取り出してセルフィーを撮ったり。

教室を出ると、先生が何気なく私に言った。

「このクラスの数人は結婚してるんです」

え！

「どの子ですか？」とたずねると、「○○さん、○○さん……ちょっと来てー」と、「既婚」女子たちを呼んだ。「結婚」と言ったが、正確には「婚約」のことらしい。クラスの5分の1くらいが婚約済みだ。相手は親戚とか近所の人が多いらしい。

結婚年齢は村と町でずいぶん違うらしく、あとでアザデにこの話をすると、かなり驚いていた。

この学校には小学校が併設されていた。建物の外に出ると、私を見て白いスカーフをかぶった可憐な少女たちがまとわりついてくる。カメラを向けると、ぱーっと蜘蛛の子を散らしたように逃げてしまうが、またそろそろと近寄ってくる。

そうだ、村の家も見てみたいな。

一人の女の子に「あなたの家はどこ？」と聞いてみた。

するとと「ついて来て」と言う。

えー、そんなに簡単にことが運ぶのか⁉

空手女子とパスタランチ

連れて行かれたのは、近くの集会所のようなところだった。黒いチャドルの女性たちが集まっている。

なーんだ。家じゃなかったのか。

女性たちが足の踏み場もないほど詰めていて、そのうち一人が悲しげな面持ちで何やら話している。

後で知ったが、これはアーシュラーの集会だった。アーシュラーはイスラム教シーア派の宗教行事だ。

突然現れた外国人を、皆が興味津々で見つめている。ちょっとばかり居心地悪さを感じているると、先ほどの女の子がまた「来て」と手招きする。

今度はどこへ？

土ぼこりの道を2ブロックほど歩くと、一軒の家の前に来た。それが彼女の家だった。

玄関を入ると、また広いリビングが現れた。華やかな花柄の絨毯が敷き詰められている。お母さんが出てきて、私を見てぎょっとした顔をする。無理もない。いきなり見知らぬ外人が家に来たのだから。

勢いだけで来てしまい、いったいどうしたものか……。

後悔していると、そこは親切なイラン人、すぐにスイカジュースで歓待してくれた。冷たい甘さが喉の奥にしみわたっていく。

家族は夫婦と18歳の長女、16歳の次女、そして先ほどの女の子だそうだ。

リビングに隣り合ったキッチンには冷蔵庫が2つ。ドアに果物や野菜の形の磁石が貼り付けてある。日本と同じだなあと妙にうれしくなる。

「おなかすいてる？」

お母さんが言った。

うーん、なんと答えていいものか。他人の家にずかずかと上がり込んだ上、食事をごちそうになるとは。

しかしここまで来て遠慮している場合ではない。「うん」と答えると、お母さんはさっそくランチの支度にとりかかる。

ソフラをリビングに広げる。イランの家が広いなと感じるのは、家具が少ないからでもある。ソフラを敷けば、リビングはたちまち食卓に早変わり。

ランチはパスタだった。お母さんが料理が入った鍋を傍らに置き、1皿ずつよそっていく。これなら、おかわりのためにいちいちキッチンに行く必要がないからラクである。ご主人は先に食べてしまったらしく、娘たちとお母さん、私の5人で食事。

パスタの中にオレンジ色の何かがある。トマトかと思ったら、じゃがいもの「おこげ」だった。赤いのはトマトソースの色だ。外はカリッと、中はほくほく。麺もコシがあって、焼きそばみたい。みんなパンにパスタをはさんで食べている。

食事がすむと、同じ釜の飯はナントカで、ぐっと打ちとけたムードになった。写真を

パスタランチ。左手にあるのはハーブ系の野菜。生で食べる。

撮ったり撮られたりする。

お母さんも姉妹も私とセルフィーを撮り、すかさずSNSにアップする。それを見た友人などが驚いて電話してくるらしく、「さっき一緒にごはん食べたんだ」などと話している。

この国ではフェイスブックやツイッターは禁止されているが、ブロックを解除するソフトもあるし、禁止されていないインスタグラムやテレグラムはとても盛んだ。ちなみにスマホはサムソンやソニーが多い。

経済制裁のために物がなく、不自由で苦しい生活をしているに違いないと想像していると、意外にそうでもない。キッチンには冷蔵庫が2、3台あったり、最新式の食洗機や洗濯機が並んでいたりする。

次女がスマホの中にある写真を見せてくれる。イラン女性は写真を撮るのも好きだが、それを見返したり、人に見せるのも大好きだ。

空手衣姿の女子たちの写真があった。彼女は空手道場に通っているそうだ。その凛々しい姿の後ろに、男性と2人で映った写真が出てきた。

「婚約の時の写真よ」

婚約？

まだ15歳である。

ゴールドのネックレスをフィアンセが彼女の首につけているところや2人でキスしている写真がある。もちろんキスは婚約が無事成立したお祝いのため。ノールーズ（イラン暦の新年）の時に婚約したそうだ。彼が通りで彼女を見かけて見初めたそうだ。相手は24歳。今家を建てていて、2年後に結婚して一緒に住むそうだ。

「結婚するのは嬉しい？」

と聞くと、ニッコリ笑って「すごく嬉しいわ」

18歳の長女はまだ相手がいない。

「もっと勉強したいから」

妹の結婚に左右されないマイペースなところが良い。

そんなことをしているうちに、あっという間に4時。帰りのバスの時間になった。

次女のスマホにあった写真。空手衣を着た女子たち。

第2章

メイマンド

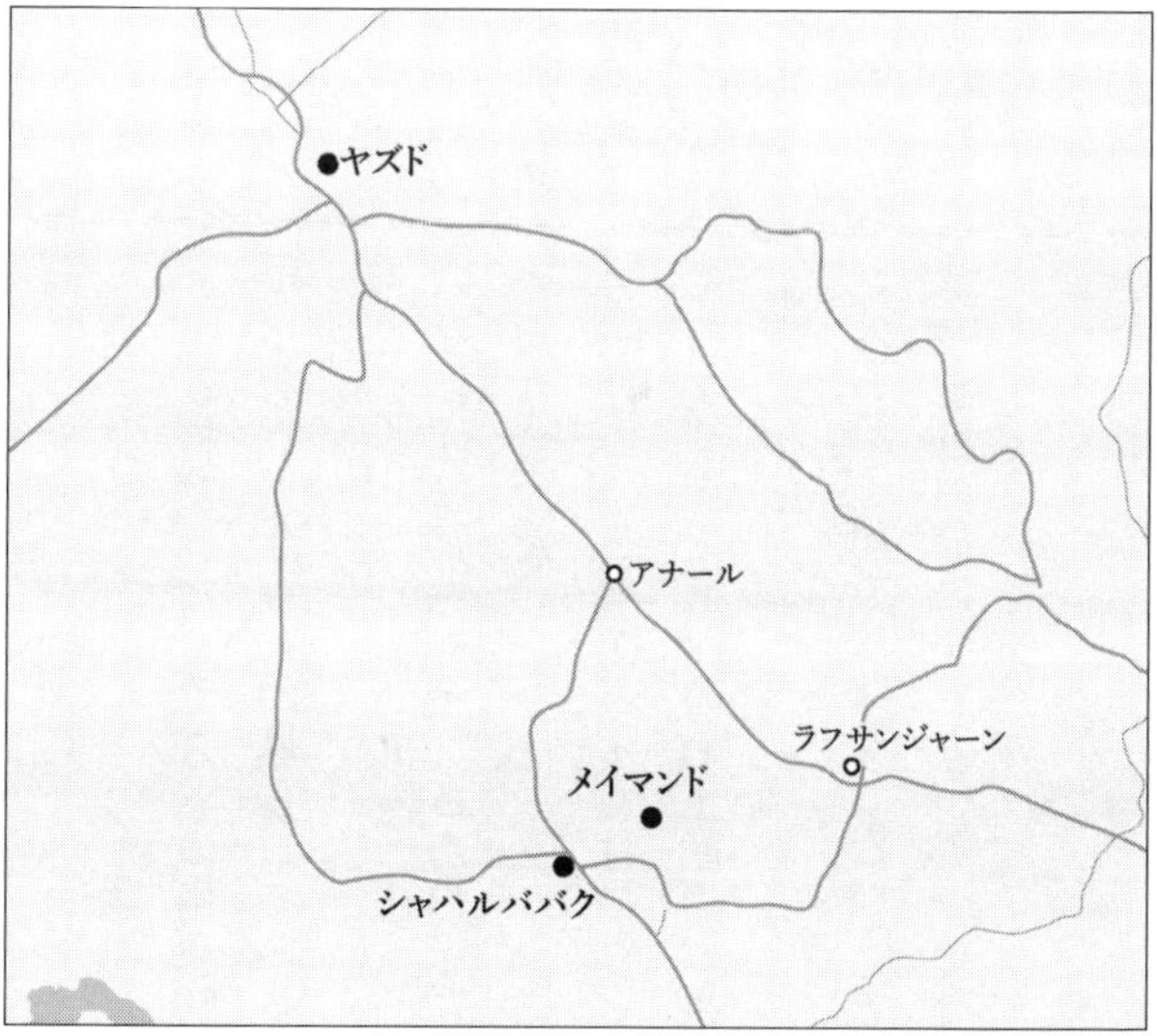

ミルクがゆの朝ごはん

ヤズドに3日間滞在した後、向かったのはメイマンドという村だった。ヤズドの南東80キロくらいの場所にある。ここに3千年以上前の岩穴住居があり、今も人が暮らしているという。

メイマンドの宿は決めてあった。近くの町シャハルババクに住む女性レイラさんの家だ。レイラさんとは、日本に留学していたイラン女性の紹介で知り合った。

シャハルババクまではバスで向かった。前回のポリスの一件で、ヒッチハイクは早々と懲りてしまったからだ。それにお腹の調子もよくない。昨日アザデたちへのお土産のお菓子を買う時、店頭にあった味見用の菓子を口にしたのがまずかった。

実は以前にも同じようなことがあり、「もう絶対イランのお菓子屋では味見しない」と心に決めたはずなのに。食い意地が張っている私は、お菓子を目の前にするとついついその決意を忘れてしまう。

レイラさんがバスターミナルまで車で迎えにきてくれた。

彼女は30代後半。大学で心理学を学んだという理知的な女性だ。優しそうなご主人と、目のくりっとした8歳の男の子の3人家族。

「これを飲むといいわ」

私が腸の調子が悪いと言うと、レイラさんはさっそく薬草を煎じて飲ませてくれた。お腹がゴロゴロするが、気分的にはだいぶ楽になった。

家は2世帯で、2階にご主人の両親が暮らしている。隣はレイラさんのお母さんと独身の弟さんが暮らす家。近所にたくさん親戚が暮らしているそうだ。レイラさん夫婦も親戚同士。

2人そろって同じ会社にお勤め。銅をつくる会社だそうだ。毎朝5時半に出勤。朝ごはんは会社で7時くらいに食べる。帰宅は夕方5時半。息子さんが2時に帰るので、それまで隣の母親の家で預かってもらうそう。

室内に色々な食べ物を干している。いちじく、りんご、ぶどう……。どれも北側の直射日光が当たらない場所だ。

「直射日光に当てない方がゆっくりと乾燥するから、甘みが増すのよ」とレイラさん。広いリビングの一角にはテーブルがあり、その上に色々な植物の鉢が並べられている。庭には温室も。中で多種類のサボテンを育てている。

レイラさんの家に泊まった翌日、私の胃腸を心配して、レイラさんがミルクがゆの朝ごはんを用意してくれた。

キッチンの床にソフレを敷いていただく。キッチンには洗濯機もある。イランの家庭ではキッチンに洗濯機があることが多い。料理しながら洗濯もできて、なるほどこれは便利である。「今欲しいのは食洗機ね」とレイラさん。

上部の戸棚を開けて見せてくれた、中にはおさまりきれないほどの食器が。

「イランの家は来客が多くて、しょっちゅう大きなパーティもするから、たくさんのゲストのためにこれくらいは必要なのよ」

冷蔵庫2つと冷凍庫。どれも食材でいっぱいだ。夜遅くに突然お客が来る時もあり、そういう時にも食事を作って出すのだそう。そんな時間に食材を買いに行けないから、冷凍庫が必要なのだとか。夜中に突然来た客にも食事を作って出すとは、イラン人も親切なこと。だいいち夜中に突然人の家を訪ねるなど、日本人にはない発想である。

この日はメイマンドでピクニックだ。そこへ持っていく「ココ・サブジ」を作る。「ココ」はペルシャ語で卵、「サブジ」は野菜。つまり野菜のオムレツだ。

イランの場合、料理に使う野菜は、たいてい冷凍してあったものを使う。解凍して柔らかくなった野菜を卵と混ぜ合わせる。

作るのはご主人の役目だ。もくもくと料理をするご主人。物静かで親切な男性だ。「イランにもこういう男性がいるのだなあ」と感慨深い。「いつも食器洗うのを手伝ってくれるのよ」とレイラさん。9歳年上のいとこだそうだ。

「彼が結婚したいと言った時、私の父は年がはなれているからって反対だったの。でも私も彼のことを気に入っているのを知って、最後にはOKしてくれたわ」

結婚は彼女が26歳の時。シャハルババクの女性は、ほとんどが25歳前後で結婚するそうだ。「博士号を取る人は、32歳くらいで独身の人もいるわ」

あとで聞いたが、シャハルババクは教育に熱心な土地柄で、高学歴な男女が多いらしい。ファハラジ村の15歳の結婚のことを言うと、レイラさんも「本当なの?」と驚いていた。

キッチンの床にソフレをしいて、朝ごはんのミルクがゆをいただく。

風が通り抜ける羊飼いの家

車の後ろにソフレ、紅茶のポット、ごはんが入ったお鍋、ココ・サブジが入ったタッパーなど様々なものを積んで、メイマンドに出発。

助手席のレイラさんが私をふり返って言う。

「途中に、ヒツジを飼って暮らしている人たちがいるのよ。会いたい？」

もちろん！

シャハルババクの住宅街を抜けて20分ほど砂漠の中を走ると、遠くにヒツジの大群が見えてきた。私たちの車を見て、白髪の男性が近づいてくる。ヒツジの主だ。ご主人が事情を説明すると、快く家に案内してくれた。

枯れ木を組み合わせただけの小屋。中には絨毯やゴザが敷かれている。靴を脱いでその上にくつろぐ。

室内には、そこかしこの木の枝に袋などがぶら下がっている。

奥さんがポットに入ったお茶をいれてくれた。

家めしレシピ❷

レイラさんの家の「ココ・サブジ」

❶冷凍の野菜を解凍する。

❷卵をといて、その中に野菜を入れて混ぜる。塩、胡椒を入れる。

❸フライパンに油をしいて焼く。

ヒツジ飼いの名前はアリさん。68歳。奥さんは50代。

ヒューヒュー……。

枯れ木の隙間から涼しい風が通り抜ける。

さっきまでの外の暑さがうそのよう。直射日光も遮断されているため、とても心地よい。

「だから扇風機なんかいらないんですよ」

とアリさん。

この家を自力で2日で建ててしまったそう。水はメイマンドからひいてくる。

「これは夏の家じゃ。隣に冬の家があるよ」

冬の方は、石と土を固めてつくった家。これなら保温性ばっちりだ。中にはアリさんが自作したという羊毛のコートがあり、着せて見せてくれる。

夏と冬で住む家を変える。考えようによっては、なかなか贅沢な暮らしである。

以前はメイマンド村に住んでいたが、そこではたくさんの家畜を飼えないので移ってきたそうだ。飼っているヒツジはざっと150頭。

2人は奥さんが12歳の時に結婚。子供は13人いて、みんな成人してラフサンジャンやケルマン、シャハルババクなどの町に暮らしているそうだ。

夫婦の写真を撮ろうとすると、奥さんが写真に撮られたことがないからか、恥ずかしそうにうつむいてしまう。それが微笑ましく可愛らしかった。

アリさんが、近くに住む他の家族を案内してくれた。

家主が「ゴルメ」という肉の保存食を出して見せてくれた。肉を細かく刻み、ヒツジの油でいためて塩を加え、ヒツジの胃袋の中に入れて保存したもの。こうしておくと1年はもつそうだ。

「だから冷蔵庫はいらないんですよ」

一口味見させてもらった。うまい。羊肉独特の臭みがたまらない。

この家族は200頭のヒツジを飼っているそうだ。

「お子さんの数は?」

「さあ。たくさんいすぎて、わからないねえ」

これは冗談。

岩穴住居を訪ねて

メイマンドまでは、周囲は低木が生えた起伏に富んだ草原地帯が続く。

「ここから、もうメイマンドの家が見えるわよ」

レイラさんに言われ、前方に目をこらす。

ほんとだ！　黒い山肌に、ポッポッ穴が空いているのが見える。

メイマンドに着いて、木陰に車を止めた。周囲を見渡せば、高さ20メートルほどの低い山があちこちにあり、その斜面に四角い穴がいくつも掘られている。

ここに暮らしているのは数十人。ほとんどはお年寄りだそうだ。

レイラさんに連れられて、60代の夫婦の家を訪問した。

中には一辺10メートルくらいの正方形の部屋があった。奥に布団などが積み重ねられ、岩壁のくぼみに色々なものが置いてある。天井は黒ずんでいた。家の中で火を焚くことで、その煙で天井を強くするという。洞窟の家は冬は外より5℃暖かく、夏は5℃涼しいそうだ。

アリさん夫婦。風が通りぬける夏の家で。

アリさん手作りの羊毛コート。

ゴルメという保存食。

ご主人は農作業に出ていて留守だった。夫婦は小麦、ぶどう、ナッツなどを育てているそうだ。

娘さんが2人の子供を連れて遊びに来ていた。一人はまだ乳飲み子だが、夫が事故で不自由な体になってしまったという。レイラさんが「赤ちゃんのために」とチップを渡す。心遣いがすばらしい。私など考えもつかない。入って右手には、乾燥のハーブや薬草が袋詰めされて並べられており、レイラさんがいくつか購入する。

続いて訪れたのは、70代の一人暮らしの女性の家。彼女は手芸品を作り、観光客に売って生計を立てている。12年前から民宿を経営しているそうだ。

子供が5人いて、みんな町に暮らしている。

「どうしてここに暮らしてるんですか?」

と聞いてみた。

「ここならいつ起きていつ寝ようと自由だからね。息子夫婦と暮らしていたことがあるけど、ヨメが起きるのが遅くて、いつになったらお茶を飲めるのかしらって感じだったよ」

起きるのは4時半。

メイマンド。岩山横穴を掘った家々が並ぶ。

岩穴住居の中。天井が低くて落ち着く。

「朝食べるのは、自然のものがほとんど。手作りのチーズとかジャム、羊のミルク、ハチミツとか。ぜんぶ手作りさ。パンも自分で焼くよ。昼や夜は豆のスープとかが多いね」

夜は10時くらいに寝る。意外に遅いが近所の家を訪ねあったりして、おしゃべりしているそうだ。

それから彼女は次々に自作の手芸品を出してくる。レイラさんはここでも買い物。頭が下がる。私ときたら、昔のバックパッカーのくせで値切ってしまい、レイラさん夫婦をぎょっとさせてしまった。イラン人はこういう場合、あまり値切らないものらしい。相手への敬意があるのか、あるいはそもそも適正価格だったのか。あらかじめレイラさんに聞いておくべきだった。ああ……穴があったら入りたい。

幸せは子どもたちが運んでくる

空き地の木陰を見つけてピクニック・ランチ。地面にソフレを広げ、ココ・サブジ、お鍋に入ったごはんなどを広げる。外は日差しが強いが、木陰に入るとひんやりと涼しい。

そこへ先ほどのアリさんが現れた。たまたまメイマンドの親戚を訪ねにきたらしい。彼もランチに加わる。みんなココ・サブジやごはんをパンに挟んで食べる。

村に住む一人のおばあさんもやってきて話に加わった。ご主人がメロンを切る。このメロンはフットボールをさらに長細くしたような形。日本のメロンよりもさっぱりしていて、ほどよい甘さ。余ったメロンをおばさんが家に持って帰り、あとでお返しにザクロを持ってきた。

「どうして子どもが一人だけなんじゃ？」

アリさんがレイラさんたちに言った。イラン人同士でも、こういう会話をするらしい。実は夫婦はもう一人くらい欲しいが、なかなかうまくいかないそうだ。

「子どもはいいぞ」

とアリさん。

「すべての幸福は子どもたちが持ってくる。一人がパンを、一人がメロンを、一人が米を……仕事のため、お金のためだけに生きてはいけない」

しんみりと耳を傾けるレイラさん夫婦。

アリさんの知り合いの男が結婚後12年間子どもができず、アリさんの娘を2番めの妻にしたそうだ。その娘が第一子を産んだら、最初の妻も次々に子どもを産み始めたという。

「まったく神様のやることは偉大じゃのう」

帰国してからもレイラさんとメールのやりとりは続いていた。最近とあるNGOから女の子を養子として斡旋されたそうだ。

イスラムでは養子はあまり良いものとはされていないが、実際には子供を望んでもできない夫婦も多く、そういった人への救済策が必要になってくる。何よりイラン人、またイスラム教徒にとって、子供はとても大切なものだ。

アリさんの言葉が、レイラさんたちの人生を変えた。もしかしたらそんなふうに言えるかもしれない。

木陰でピクニックランチをするレイラさんの家族とアリさん。

第3章

シルジャン

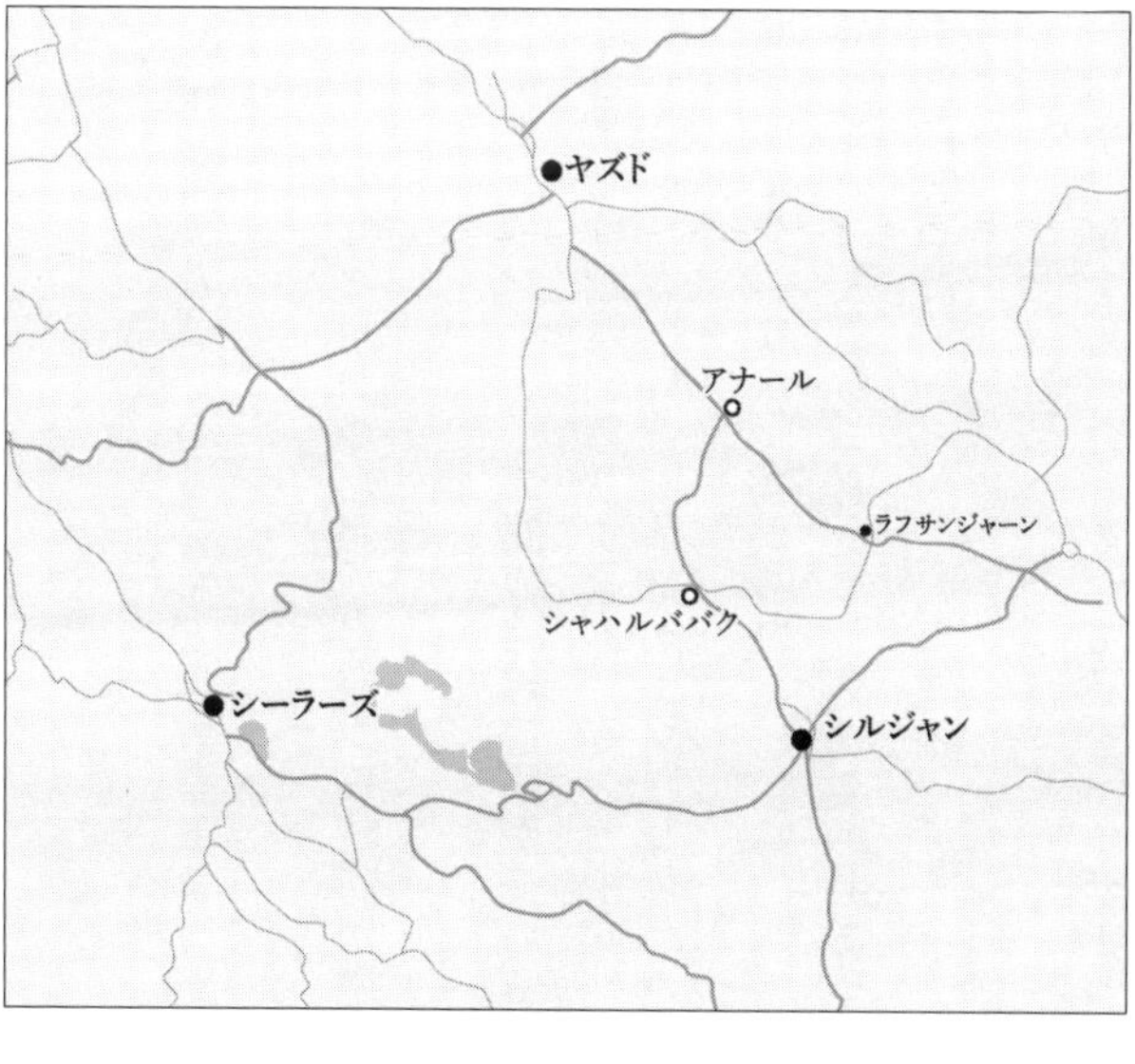

『あなたの家を見せてください』

一度で懲りたつもりが、またヒッチハイクしてしまった。しかもこんどは大型トラックである。

シャハルババクに2日間滞在した後、シルジャンの町に向かったが、出発する時間が遅れてバスの時間に間に合わなかったからだ。

シルジャンはヤズド・バンダルアバス間、ケルマン・シーラーズ間の幹線道路が交わる町だ。本来の目的地はシーラーズであるが、そこまでは距離がありすぎる。そこで中間地点にあるシルジャンで1泊しようと思ったわけである。ヒッチハイクをしたのは、シャハルババクを出発する時間が遅れて、バスの時間に間に合わなかったからだ。

朝10時、バンダルアバス方向への道で車を待っていたところ、運良くトラックが止まってくれ、シルジャンまで乗せて行ってくれることになった。

車がシルジャンの中心部にさしかかると、運転手は車を止めた。そして私をバーザールまで乗せてくれる車を見つけるため、路肩に立ってヒッチハイクしてくれたのである。
5、6台の車に断られた後、ようやく1台の車が止まった。
「この日本人をバーザールに連れていってくれ」

彼がすばやく話をつけてくれた。

運転しているのは30代前半くらいの男性だった。隣には小さな男の子を抱いた奥さん。メガネをかけた真面目そうな女性だ。

「ミスター、バーザール？」

彼にそう聞かれ、「はい」と答えると、彼は何も言わずに車を走らせる。

並木道になった商店街を抜けていく。2、3分でバーザールと思われる場所に来た。

が、あいにく閉まっていた。

「ホテル？」

と聞かれて、ちょっと困ってしまった。何も調べていなかったのである。

彼なら知ってるだろうか？

……その時、とっさにある考えがひらめいた。

「そうだ、あれがあった！」

テヘラン在住の日本人に書いてもらったペルシャ語だ。

『あなたの家を見せてください』

ノートを開き、そのページを彼に見せた。

いくらなんでも、道で会った外人に家を見せてくれるなんて、ありえないだろう。いや、ひょっとして……。

するとなんと、彼は無言でうなづいたのである。

（えー、ＯＫなの⁉）

驚きと期待が入り混じる気持ちで外を眺めていると、１軒の店の前で彼は車を止めた。

「ここで待ってて」

店から出てきた彼の両手には、何枚かの大きなパンが。時刻は午後２時。ちょうどランチタイムだ。ひょっとして、夫婦はこれからランチなのか？　だとしたら、ランチをごちそうになってしまうかも……。

中心街から少し離れたアパートの前で車を止めた。

彼らの後ろについて、スーツケースを持って階段を上がる。車の中に置いておくのは少し不安だったからだ。

玄関を入り、すぐ帰るつもりで戸口に遠慮がちにスーツケースを置くと、ご主人が部屋の奥へ持って行ってしまった。

入ってすぐ左手がキッチン。その奥にリビングがあった。ほかに部屋が2つ。これまで見たイランの家の中ではこじんまりしていたが、若い夫婦と小さな子ども一人なら十分すぎるくらいの広さだ。

「アーブグーシュト食べられる？」

冷蔵庫を開けながら、ご主人が私に聞いた。アーブグーシュトは肉とジャガイモと豆をトマト味で煮込んだイランの代表的な家庭料理だ。

来て早々ごちそうになるのもいかがなものか。だが遠慮しても仕方がない。「うん」と力強くうなづくと、冷蔵庫から凍った肉の塊を出してきた。

「ヒツジだよ、大丈夫？」

ヒツジもヤギも私の大好物。

奥さんはさっそくキッチンに立ち、外出着のまま料理を始めた。圧力鍋を火にかけ、油をしいて肉を塊のまま入れる。

「コーヒーがいい？　紅茶がいい？」

とご主人。

イランでは飲み物といえば紅茶ばかりなので、コーヒーをいただくことにする。彼は奥さんが料理している横でお湯をわかし、コーヒーの用意。まめな男性だ。その間にも「部屋着に着替えたら？」「シャワー浴びるか？」などと気をつかってくれる。

結婚して何年？

コーヒー片手に奥さんの料理を見学させていただく。

圧力鍋に冷凍肉の塊を入れた後、刻んだタマネギを入れる。まな板を使わず、両手で器用に刻む。見ていて手を切らないか心配だ。でも奥さんはそうとう年季が入っているらしく、あっという間にタマネギ2個が鍋の中に消えていく。

床に座ってジャガイモを切る。やはりこれも手で。男の子が横からジャガイモにちょっかいを出すので、ナイフが当たらないかハラハラする。

鍋にサフラン、ターメリック、赤唐辛子の粉末、ジャガイモ、水に浸しておいてやわらかくなったひよこ豆などを入れる。そして市販のトマトペースト。最後に水を加え、乾燥野菜と塩を入れる。

奥さんにまとわりついている子どもをご主人が抱きかかえた。絨毯の上に膝を伸ばして座り、枕を足の付け根に置いて、そこに子どもの頭が来るように寝かせる。そして足をゆすってあやすと、ようやくおとなしくなった。

「子どもはいいよ」

ニコニコしながら、小さな目をさらに細めて言う。彼の名前はアリ。韓国系企業で働いているそうだ。奥さんの名前はアフサーナ。結婚して4年、子どもは2歳になったばかり。

「子どもはいるの?」

アリさんが聞いた。

いないというと、「どうして?」と心の底から悲しそうな顔をする。日本人ならいきなりそういう質問はしないが、結婚したら子を持つのが当たり前のイラン人にとって、思わず口をついて出てしまう疑問らしい。

「結婚して何年？」

やっぱりきたか、その質問が。

こういう時は少なめに言っておくに限る。1年と言うと納得したのか、それ以上追求してこなかった。

お父さんの足の上が飽きたのか、子どもがおもちゃを散らかし始めた。アリさんは苦笑しながらも、「子どもはいいよ」（以後10回くらい、この言葉を繰り返した）。かと思えば、家の靴を全部リビングのソファ上に持ってきて並べる。子どもは大人が思いつかないようなことをするものだ。それでもアリさんは苦笑しながら言う。

「子どもはいいなあ」

美味しそうな匂いがただよってきた。

アリさんが絨毯の上にソフラをしき、買ってきたパンを広げる。パンはインド料理の

「ナン」と似ていて、こちらは直径40センチくらいの丸いパン。酵母菌を使わないので、平たい形をしている。お皿やフォークを運んできて食卓の準備をする。そして、またぐずっている男の子にアリさんがヨーグルトを食べさせる。なんてかいがいしいこと。

奥さんがアーブグーシュトが入った鍋を持ってきた。大きな塊肉をおわんに移し、ナイフとフォークで細かくする。

スープをすくって口に入れてみた。不思議とヒツジ特有の臭みはほとんどない。トマトとスパイスが溶け合ったほどよい酸味が舌に心地よい。

付け合わせはヨーグルトと生のタマネギ、生のハーブ野菜。タマネギは直径2〜3センチと小ぶりで、生のままかじってもおいしい。ハーブにはニラも混じっていた。

アリさんたちはパンをちぎってアーブグーシュトに入れて食べる。私も試しにやってみた。パンがスープを吸ってスポンジみたいになり、口の中でじゅわーっとしぼんでいく。

アリさん家族とアーブグーシュトの昼食。

家めしレシピ❸

アリさんの家の「アーブグーシュト」

❶ひよこ豆を水にひたしてやらわかくしておく。

❷圧力鍋に肉を入れて炒め、刻んだタマネギを入れる。

❸サフラン、ターメリック、赤唐辛子などで味付けをする。

❹角切りのジャガイモ、ひよこ豆を入れる。

❺トマトペーストを加え、水を入れた後に乾燥野菜と塩を入れる。

初対面の夫婦と昼寝

食べ終わると、アリさんが隣の部屋から布団を引っ張り出してきた。お昼寝タイムだ。ランチの後は昼寝。これがイラン人の生活スタイルであるにしても、まさか道で知り合ったばかりの外国人が部屋にいるのに昼寝するとは……。

で、昼寝の後、ホテルに連れて行ってくれるのだろうか？

それとも、今日はここに泊まるのか？　経験上、後者になりそうな予感がする。

とりあえず、お腹の調子がまだ良くないので、横になれるのはありがたい。

私の布団をスーツケースが置かれた横に敷いてくれる。アリさんはソファが敷かれていた横に、奥さんと子どもはテレビのそばに横になる。そこでさりげなく夫婦の様子を観察していたが、それはまさに「素晴らしい」の一言だった。

奥さんが横になって子どもにお乳をやっているうちに、うとうとし出し、やがて寝入ってしまった。子どもはまだ寝ていない。アリさんが自分のところに子どもを抱き寄せる。トントンと背中をやさしくたたきながら寝かしつける。子どもが寝たら、再び奥さんのすぐ横に子どもを寝かせ、２人の上に毛布をかける。つけっぱなしになっていたテレビを消す。すぐそばでテレビがつけっぱなしになっているのに寝入ってしまうとは。よっぽど子育てで疲れてるんだろうなあ。

やがてアリさんのかすかな寝息が聞こえてきた。

私も一寝入りしようとしたが、ふだん昼寝の習慣がないし、寝よう寝ようと思うと逆に目がさえてしまう。

さっき路上で知り合ったばかりの家族と、一緒の部屋でこうして昼寝をしている……なんとも不思議な気分である。

それから約1時間半後。先に起きたアリさんがお茶をいれる。

その時、私の携帯が鳴った。ヤズドで世話になったアザデだ。

「今どこにいるの？　何か問題ない？　だいじょうぶ？」

安否確認である。

まだ奥さんは寝ているが、アリさんがテレビをつける。

一人の老人がスクリーンに映っていた。クワを持って農作業をしているところを見ると、農民らしい。場所はイラン北部のカスピ海沿いのようである。老人は畑を耕し、自分で料理をつくり、礼拝する。家族はいないようだ。やがて加齢のため、目が見えなくなってしまう。それでも変わらず日々田畑を耕し、お茶を入れ、礼拝し……そんな日常を淡々と写したドキュメンタリーだ。地味だが心に響く番組である。

ようやく奥さんが起きてきたら、アリさんは出かける用意。そして私に向かって聞いた。

「夕食は何が食べたい？」

やっぱり、ここに泊まるみたいだ。

真夜中のハンバーガー

私のリクエストである豆のスープをいただいたあと、車でアリさんのお姉さん宅へと向かった。時刻は夜8時。

イラン人の家の広さにはもう驚かなくなっていたが、それでもこの家の広さにはまたまたびっくりしてしまった。玄関を入ると目の前には畳30畳分ほどのリビングがどーんと広がっていた。

さっそくお姉さんの7歳の娘とアリさんの息子が、リビングを走り回っておいかけっこしている。

（豊かだなあ）

しみじみと思う。家の中を走り回れる環境など、日本ではなかなかないのではないか。イランで感じるのは、いろいろな意味での「ゆとり」だ。見ず知らずの旅人を気遣うゆとりだったり、住環境のゆとりだったり。経済制裁でけっこう経済は疲弊しているようだが、本来はとても豊かな国だったに違いない。

お姉さんは32歳。7歳の娘さんがいて、ただ今妊娠中。ご主人は36歳で床屋さんだ。途中からアリさんの弟といいなづけの女性も合流。リビングの一角の床の上に座ってくつろぎながら、クッキーや果物をつまみに話をする。

お姉さんが大きなお腹をかかえながら、キッチンに立って料理している。用意しているのはハンバーガー。中に詰める冷凍のハンバーグをフランパンで炒めている。そして時々お腹をさすっては、「あー、いま蹴ってるわ～」と感慨にふけっている。

出来上がりは夜11時。アリさん夫婦にとっては2度目の夕食だ。深夜にハンバーガーを食べるとは、イラン人の胃腸の強さはタダモノではない。「夜遅く食べると体に悪い」とか「寝る前に食べるのは良くない」などという考えはないのであろう。

しっかり昼寝したアリさんたちは元気はつらつだが、私はふだん寝るのが早いこともあり、睡魔がおそってくる。

おもわずうとうと……。それを見たお姉さんが、すかさず「この部屋で寝なさい」と娘の部屋をあけ、布団を敷いてくれた。かたじけない。

起きると、「明日、村へピクニックに行く」、「田舎の家でバーベキューをする」という話で盛り上がっていた。

「あなたも、もちろん行くでしょ?」とお姉さん。

アリさん夫婦も「当然だろ」という顔だ。

1泊だけのつもりが、なし崩し的にもう1泊アリさん宅に泊まらせていただくことになった。

イマームザーデとアーシュラー

翌日の午前中にピクニックの買い出しに出かけた。お姉さん夫婦とアリさんの奥さん、私の4人で出発する。

まず向かったのは「イマームザーデ・アフマド」だった。イランにはいたるところにイマームザーデがあるのだ。今はアーシュラーの期間だから、ここでお参りするのである。

ここで「イマームザーデ」や「アーシュラー」について、ちょっと詳しく説明する。

まず基本的な事実として、イラン国民はほとんどがイスラム教のシーア派だ。この点でとてもめずらしい。世界のイスラム教徒の大部分がスンニー派だからだ。イランではスンニー派の人口は約6パーセントだけ。

スンニー派とシーア派がどうやって分かれたかというと、預言者ムハンマド（イスラムの創始者）死後の後継者選びだ。スンニー派は「会議によって」後継者を決めようとし、シーア派は「アリー（ムハンマドのいとこで、彼の娘ファーティマの夫）と、その子孫」

を後継者とした。

シーア派はいくつかの宗派があり、最大のものが、12人のイマームを認める「12イマーム派」。これがイランの国教だ。（次に多いのが「イスマーイール派」で、7人のイマームしか認めない）。

このようにシーア派は「誰をイマームにするか」で分かれたもので、イマームがとても重要。このイマームの子孫を祀っているのが「イマームザーデ」だ。イランにはイマームザーデが各地にあり、モスクの数よりずっと多いという。

12人のイマームの中でも、とりわけシーア派にとって重要なのが第3代目イマームであるフセイン（預言者ムハンマドの孫）だ。彼は時の支配権力であるスンニー派のウマイヤ朝を相手に戦い、殉教の死をとげたため。時は680年のムハッラム月（イスラム暦1月）の10日。場所は現在のイラクのカルバッラーだ。

そこで毎年ムハッラム月に入ると、彼の死を追悼するため、あちこちでフセインの殉教劇を上演したり、男性が鎖で体を打ちながら行進したりする（この儀式を「シーネ・ザーニ」という）。これは同月の10日（アーシュラー）にクライマックスを迎える。

アーシュラーの時期は、まさにイラン全体がアーシュラー一色となる。テレビをつければ、どのチャンネルでも黒い服の男性が集団で胸や背中を打ち続ける映像が延々と流される。シーア派にとって「アーシュラー」が一年の最大の行事なのだ。

話はここ「イマームザーデ・アフマド」に戻る。女性たちが大鍋にスープを煮込み、参拝客に配っていた。イランの代表的な料理「アーシュ・レシュテ」だ。アーシュはスープ、レシュテは細い麺のこと。その名の通り、短い麺が入っている。ラマダン月やアーシュラーの時期にアーシュ・レシュテなどの食事を配るのは、イランの古くからの風習だそうだ。

こんどは少し郊外へ。畑が広がり、その手前に古墳のようなユニークな建造物が現れた。日干しレンガでできた円錐状の建物だ。

何だろう？　お姉さんが私に説明しようとして、必死に「会話帳」に見入っている。が、当てはまる言葉がない。

あとで調べると、「ヤフチャール」という屋外の氷室だった。

冬のうちに貯水槽に水を張って氷を作り、これをヤフチャールの中に運び入れて穴の中で保管、夏の暑い時期に利用していたそうだ。日干しレンガは断熱効果があるからだ。冷蔵庫が普及する50年程前までは実際に使われていたという。ちなみに〝ヤフ〟は氷、〝チャール〟は穴の意味。イランでは冷蔵庫も〝ヤフチャール〟という。

隣に広がる畑の農家さんから野菜を買い付ける。お姉さんがカブのような野菜をいくつか手にとって農家のおじいさんに渡す。それを計りにのせる。いつもここの畑から野菜を買い付けているそう。「この方が店より新鮮でおいしいわ」。他にも背広姿の男性がいて、ピーマンをもいで袋に入れている。

次は町のチキン屋へ。店頭の大きなガラスケースに冷凍のチキンが並べられている。イランで売られている肉は、ほとんどが冷凍だ。注文を受けると、店員が冷凍チキンをブレンダーで細かくしていく。そばで見ていると、手を切りそうで怖い。

家にもどってチキンの下ごしらえ。市販のレモン汁、塩、タマネギのみじん切りと赤唐辛子をチキンと混ぜあわせる。奥さんとお姉さんがぺちゃくちゃおしゃべりしながら。妊娠中なのに、よく働くこと。

ヤフチャールを前に「会話帳」に見入るアリさんのお姉さん。

田舎の家でバーベキュー

「田舎の家」は、農園の中の一軒家だった。お姉さんのご主人ハミドさんの父親のセカンドハウスだそうだ。お父さんは土地持ちらしく、周囲一帯が彼の農地だそう。ちなみにハミドさんは10人兄弟。

裏の庭には、ザクロの木がたくさん生えていた。お姉さんが1つむしり取って、私に渡す。イラン人はザクロが大好きなのだ。

まるまる1個のザクロを手に、いったいどうやって食べたらいいのか……。途方にくれていると、奥さんが「貸して」と私の手からザクロをつかみ、上のとんがった部分をパクッと歯でかみくだいて地面に捨て、ザクロを4つに分解した。なかなか豪快だ。

さっそくアリさんとハミドさんが炉づくり。枯木や葉っぱを裏の庭から調達してきて炉にくべる。枯木に石油をそそぎ、火をつける。

ハミドさんが銀色の筒を取り出してきた。中には長さ50センチの銀の棒が数本。これに肉を刺して焼くのだ。味付けしておいたチキンを棒に突き刺していく。それらを火の上へ。イラン人のバーベキューにはトマトがつきもの。串に刺してしっかり焼く。片面を焼いたら、ひっくり返す。そうやって何度かひっくり返しながら、じっくりと焼き上げる。

さあ、焼き上がった！と思ったら、なんとまた下味をつけた汁に漬け込む。さらにグツグツ煮ること2時間。そんなに煮込んだらガス代が……などと、またいらぬ心配をしてしまう。

リビングにソフラを広げ、チキンとココ・サブジ（くるみ入り）を並べる。付け合わせは庭でとれたハーブ野菜、キッチンに干してあったぶどうなど。

食後のおやつは焼きとうもろこしだ。日本のものに比べて水気がなく、パサパサして硬い。これを火であぶり、塩水にひたして味をつける。

とうもろこしとリンゴなどでお腹いっぱいになったら、リビングに横になって昼寝。たちまちスースーと、やすらかな寝息が聞こえてきた。

庭でのバーベキュー。燃料は畑で拾ってきた枯葉など。

リビングにソフラを広げてランチ。

第4章

シーラーズ

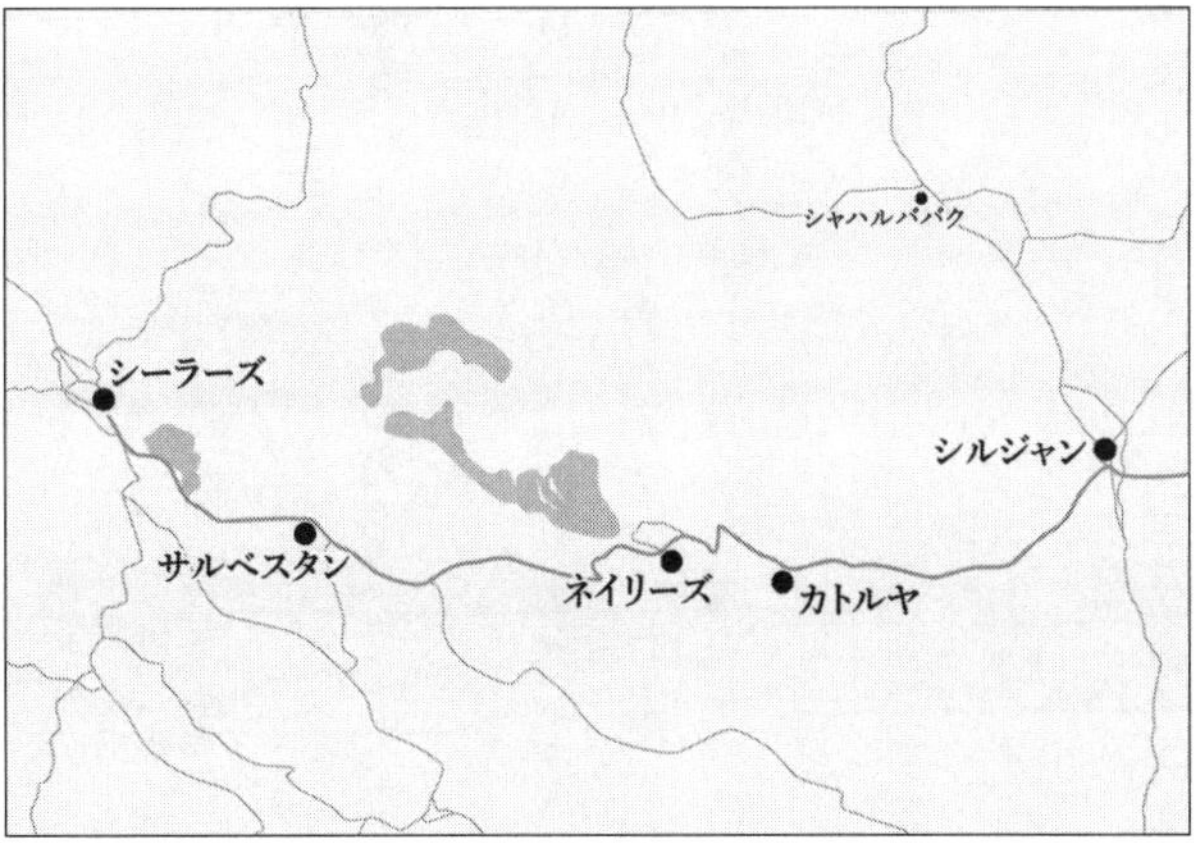

「ヤドガリ」は消せるボールペン

シルジャンのアリさん宅に2泊した後、シーラーズに向かった。朝9時発のバスをアリさんが予約してくれた。

荷物をまとめている私に向かって、「ヤドガリ、ヤドガリ」とアリさんたち。

ヤドガリ？

どうやら「思い出の品」ということらしい（正確には「ヤードガーリ」）。私のペンをさして、アリさんが「それがいい」。いつもメモに使っているペンだったので、代わりに「消せるボールペン」を差し上げることにした。日本を出る前に試しに買ってみたが、あまり書き心地が良くなかったからだ。

「ほらみて、こうやって書いて消せるのよ。便利でしょ？」

と書いて見せると、アリさんは大喜び。

さて、奥さんのヤドガリは？

スーツケースの中をまさぐっていると、底の方に入れておいたオレンジ色のスカーフをめざとく見つけて「それがいい！」。アザデからのお土産で、けっこう気に入っていたが、断ることはできない。

バスが出発するまで、ずっと立って見送ってくれたアリさんたち。たった3日前までは他人だったのに……しんみりとした感慨がこみあげてきた。

整形女子と親切すぎる青年

シーラーズは数々の美しい庭園で知られるイラン屈指の観光地だ。古くからの文学の中心地でもあり、世界的に有名な詩人ハーフェズやサアディーなどを輩出している。近郊にはペルセポリスという世界遺産もあり、その観光拠点ともなっている。

9時にシルジャンを出発し、10時半にカトルヤという町につくまで、周囲は土漠ばかりで全く民家がなかった。

カトルヤをすぎたところで検問があった。ピストルを腰の両側にはさんだ警官が中に入ってくる。網棚の上に乗せていた荷物などをみんな出させられる。

ネイリーズという町で、鼻の整形手術をした女の子が入ってきて私の隣に座った。鼻の上にガーゼを貼っているので、整形したとわかるのだ。イランでは男女とも整形手術が盛んで、鼻を「低く」する手術が多い。日本なら整形したことをあまりおおっぴらにしないものだが、イラン人は違うらしい。それだけ手術がポピュラーなのだろうか?

彼女は長い爪に真っ赤なマニキュアを塗り、くらくらするような香水の匂いを放っている。

（ちょっぴり苦手なタイプかも）

しかしこれがなかなかやさしい性格のようで、私が地図を広げて眺めていると「ここは○○よ」などと聞きもしないのに教えてくれる。

ネイリーズを出ると山を上り、眼下に塩湖が見えた。良い眺めだ。その後はポツポツと茶色い石の家が現れたりする。

12時半に休憩タイムで、バスを下りた。涼しい風が吹いている。

と、その時、2人の青年が私の前に立ちはだかった。

「すみません、あなたは一人ですか？」

そうですと答えると、

「どうして一人なんですか？　付き添いの男性とかガイドはいないんですか？」

驚きを隠せない様子。

「これからどこに行きますか？」

「シーラーズです」

気づくと、私たちの周りに人だかりができていて、遠巻きに私たちの会話を聞いている。

そんなに珍しいのか、外国人が。

「イランの後はどこに行きますか？」

「日本です」

「ということは、日本からイランを旅行するためだけに来たのですか？」

あまりいないのだろうか、そういう人は？

「どうしてイランに来たのですか？」

うーむ、いきなりそう聞かれても困る。たとえばインドを旅行していて、インド人に

「なぜインドに来たのですか？」とは聞かれないし、トルコ人に「なぜトルコに来たのですか？」とも聞かれない。けれど、イラン人にはなぜかよく聞かれるのである。

イラン人自身、自分たちの国が他でどう思われているかをよく知っているようだ。怖い国、原理主義の国と恐れられていると。

「いやーまあ、人がとてもやさしくて美しい国だと聞いたからです」

若干のお世辞も交えて言うと、相手はますますのってくる。

「私たちこそ、日本の方にお会いできて、ものすごく嬉しいですよ！」

「シーラーズの後はどこへ行くのですか？」

……トイレに行きたいのだが、なかなか解放してくれそうもない。

「たぶんイスファハンです」

「どこに行くとか、そういうアイデアをどうやって得るんですか？」

この国には外国のガイドブックなどないのだろうか。ともかく遠い国から来た日本人が、イランのことを詳しく（？）知っていることが驚きでもあり、喜びでもあるようだ。

ようやく話が途切れたところでトイレへ逃げる。

やれやれ……。

が、トイレから出てくると、あの青年たちはしっかり待ち構えていた。

「あそこでお菓子を買います」

近くの売店に逃げようとしたら、

「何が買いたいですか？　私が交渉してあげましょう」


ふたたび出発。

2時、サルベスタンというわりと大きな町を通り過ぎる。レンガづくりの家々が並んでいる。

そんな風景を眺めていたら、突然となりの彼女が私に携帯を渡した。電話口に出たのは男性だった。彼女の兄だという。

「妹があなたが一人で心配だと言っています。何か困ったことはありませんか？」

こんなふうに、イランではおよそ日本では信じられないようなお節介（親切）に会う。

「ケルマンにはいつ帰るのでしょうか？　帰ったらぜひ連絡ください」

ケルマン？

今知ったが、このバスはケルマン発だったのだ。だから私がケルマンから乗ってきたと彼女は思ったらしい。そこでケルマンの兄に電話したわけだ。

これと似たようなことが以前もあった。バスターミナルでぼーっとバスを待っていたら、隣にいた女子大生風の女の子が突然私に携帯を手渡した。私が一人でいるので、何か困っているのではないかと心配したらしい。彼女は英語が話せないので、英語が話せる兄に電話して私と話してもらったのだった。

このように、イラン人は一人にしてくれない。だから内気な人ほどイランに行くべきである。この国を出る頃には、きっと図々しい性格に変わっているだろうから。

バスに乗って失敗

シーラーズにはバスターミナルが複数あり、そのうち一番大きい「カーラーンディーシュ・ターミナル」に着いた。

バスを降りると、涼しい風が吹いていた。シーラーズはイラン北西部からペルシャ湾岸にかけて貫くザグロス山脈中にあり、海抜1400メートルの高地にあるからだ。シーラーズでは、フェイスブックで知り合ったレザさんという男性の家に泊まることになっていた。

彼の住所を、あらかじめ携帯のメッセージで送ってもらっていた。行き方は「タクシーが便利だけど、もしバスで来るならナマージー・スクエアからバスがあるよ」とのこと。時間があるのでバスで行ってみようと思ったのが間違いのもとだった。

周囲の人に確認したところ、ナマージー・スクエアまでは、町の中心「ショハダー広場」まで行き、そこでバスに乗り換えるという。そこでまずカーラーンディーシュ・ターミナルの前からショハーダー広場行きのバスに乗った。

町の中心部は3、4階建の建物が多い。しかし外の風景に見とれているうちに、ショハダー広場を通り過ぎて終点まで来てしまった。

別のバスに乗りかえ、ショハダー広場へ。ここでナマージー・スクエアーまでバスに乗ろうとしたが、なかなかつかまらない。バスの行き先はペルシャ語で書いてあるため、どのバスなのかわからない。見かねて、一人の男性が10分くらい道端に立って、バスをつかまえるのを手伝ってくれた。

ようやくバスに乗り込むと、私が大きなスーツケースを持っているのを見て、私よりかなり年配のおばさんが席を譲ってくれた。下りる時に「どこに行きたいの？」と彼女。レザさんの住所を見せると、そこに行くバスまで案内してくれた上、私のバス代まで払ってくれた。そして運転手に「あの日本人が○○に行きたいんだって」と伝えてくれる。

バスの運転手はそれを受けて、出発前に後ろの方にいる女性たちの席にやってきて、私が下りる場所を女性たちに説明し、「そこが近くなったら、この人に教えてあげて」と頼んでくれた。

こうしてどうにか、家にたどり着いた。渋滞などもあり1時間半もかかった。シーラーズは広い町なのだ。

熱烈な山口百恵ファン

レザさんは、黒縁メガネのアジア的な顔つきの30代後半の男性だ。バンダルアバスの会社におつとめで、2カ月のうち20日間まとめて休みがあり、シーラーズの実家に戻るそうだ。

彼は山口百恵のファンであった。それも、相当熱心なファンである。

「彼女のことを調べてみたら、わずか8年しか芸能活動していないのに、その間すごい数の名曲を残したんですよねえ」

さっそく興奮気味に話し出した。

でも、なぜまた彼女のファンに？

「ネットで日本の古い歌を色々探していたら、たまたま見つけたんです。そしたらハマってしまいまして」

彼女の曲をすべてダウンロードし、いつも職場に行く車の中で聞いているという。

「モモエは、突然キャリアをやめた。だからレジェンド（伝説）になっているんです」

実は初めて聞く話だ。そのくらい私は日本の芸能界に疎いのである。

「しかも結婚して引退する時、21歳の若さでした。引退の理由は本当に結婚のためだけだったのでしょうか？」

真剣な顔でたずねられるが、どう返事していいものかわからない。

「しかも人気絶頂の時に突然やめて、その後は二度と芸能界に復帰することはなかった。だから彼女のことは伝説になっているんです！」

私がすぐに思い浮かべられるのは「いい日旅立ち」くらいである。ファンだったら熱く語り合えるところだったのに。

彼がダウンロードした曲を聴かせてくれたが、初めて聴く曲もたくさんあった。

「今では、彼女の曲を聞く人は、日本ではほとんどいないんでしょう？」

「いや、そんなこともないですよ」

あわてて否定する。きっと彼は「日本人が来る！」と思って、楽しみにしていただろうに。申し訳ない。

百恵さんには熱心なものの、肝心のイスラムの信仰の方はそうでもないようだ。礼拝は全くしないそう。父親は宗教熱心なので、父親の前では礼拝しているフリをするそうだ。

「イランには2種類の人がいるんです。熱心にお祈りする人とそうでない人」とレザさん。

しかし同じ家族内で種類が分かれてしまうと、なかなか大変なようだ。

廟の〝国際情勢〟ガイド

シーラーズでぜひとも見てみたいモスクがあった。「ナシーロル・モルク・モスク」。壁に埋め込まれた美しいステンドグラスが有名である。

レザさんの家に泊まった翌朝、9時にタクシーでモスクに向かった。

外から差し込む光が、ステンドグラスを通して室内の絨毯に美しい影を落としていた。が、すでにモスク内はたくさんの観光客でいっぱい。静かに観光したければ、なるべく早い時間に来るべきだったなと、ちょっぴり後悔。

モスクは外壁のタイルの花柄や唐草模様なども、なかなか可愛らしい。小さなお城みたいな家の絵も描かれてあり、しばしじーっと見入ってしまう。このモスクはもともと邸宅やハマーム（公衆浴場）も併設されていたそうだが、今それらは使われていない。

奥にはイマームザーデもあった。ここは訪れる人が少なく静かだった。棺の上に花が飾られている。ただただ外の鳥のさえずりが時々聞こえてくるばかり。モスクが人で賑わっていただけに、ここでほっとくつろぐことができた。

モスクからシャー・チュラーグ廟に通じる道は、古びた旧市街の雰囲気を漂わせていた。途中に喫茶店があったので入ってみる。壁に「ズールハネ（イランの伝統的な格闘技）」の選手の写真がたくさん飾ってあった。

シャー・チュラーグ廟は200メートル四方の敷地内に2つの建物がある。1つは835年にシーラーズで殉教したイマーム・レザーの2人の弟の廟だ。イマーム・レザーはイスラム教シーア派の12イマーム派の8代目のイマーム。彼の墓はイラン北部の聖地マシュハドにある。

廟の中に入ろうとすると、受付の女性に制止された。どこぞやへ電話している。ほどなく若い女性が現れた。たすき掛けをかけていて、それに大きく英語で「インターナショナル・アフェアーズ（国際情勢）」と書いてある。外国人案内係というか、「お目付役」である。一人で気ままに見学できるかと思ったが、ちょっぴりがっかりである。

後でガイドブックを見ると、「イスラム教徒のみ入場可」とあったので、入れただけ良しとすべきか。イランではモスクは異教徒でも入れるが、大きなイマームザーデは外国人お断りのところも多い。モスクよりイマームザーデの方がイラン人にとって大切なのかもしれない。

内部は総鏡張で、目を見張るほどのきらびやかさだった。中央に棺があり、それに顔を付ける人、撫ぜる人、触った手で子どもの頭を撫でる人、カギを触る人などがいる。ただ床に座っているだけの人もたくさんいる……そんなことをノートに書いていると、国際情勢の彼女が「何書いてるの?」。心なしか尋問口調である。「メモリー(思い出)ですよ」と言うと納得したのか、それ以上は追求してこなかった。

誰かが講演している声が大音量で流れている。「あれは何ですか?」とたずねると「イマーム・フセインについて講演しているのです」とのこと。しかしそれ以上何か説明してくれるわけではなく、こちらが質問しても、お互い英語が下手なためによく理解できない。

靴をはいて外に出た。強い日差しが照りつける。アーシュラー期間中のために人が多いそうだ。彼女はチャドルの裾から髪の毛が見えないよう、手で額の上をおさえている。私にも「髪が見えているわよ」と注意するので、あわててかぶりなおす。

不思議な胸うちの儀式

庭では胸うちの儀式（シーネ・ザーニ）をやっていた。黒いシャツを着た男性の一団が、鎖を前後左右に振りながらゆっくりと歩いてくる。イランを紹介する本などには、この儀式で背中や胸から血を流す男性の写真が載っていたりするが、最近はもっとマイルドで、そういうことはしないようだ。

一団の先頭には大きな太鼓を持つ男性2人、その後ろに小さめの太鼓を持つ人。それに宗教歌を歌う男性が続く。そして鎖を振る10人ほどの男性たち。歌は「フセイン、フセイン……」と叫びながら歌う物悲しい響きのもの。初老の男性が数人、儀式の一団の近くで見学しながら、おごそかに胸を叩いている。

シーネ・ザーニは男性だけが参加するものだが、これも熱心に参加する人と全く興味を示さない人の二極化しているようだ。レザさんはもちろん後者。私がこのビデオを見せると、「おお……！」と頭を抱えていた。「なんでこんなことするのか、まったく信じられない！」

敷地に隣接してマスジド・ジャーメがあった。シーラーズで最も古いとされるモスクだ。

（あー、やっと解放される）

しかし彼女はモスクにもついてきた。廟だけのガイドだと思っていたのに。

マスジドは修復中だった。

「だったら、見なくていいわ。入場料払わなくていいよね？」と言うと、

「敷地に入ったからには、払うのよ」

しかたなく払い、払ったからには一応中を見てみたが、がらんとしていて何もなかった。

その隣に小さなモスクがあった。入ろうとすると、彼女は「ここはダメ」。入るなと言われると入りたくなる。彼女とサヨナラし、バザールをブラブラするフリをしたあと、ちゃっかりモスクに戻った。

結果的には非常にウェルカムな雰囲気だった。導師らしき男性の講演を、女性たちがモ

スクの中や外の庭で静かに聞いている。私を見て、給仕係の男性がお茶とクッキーを持ってきてくれた。

庭にしかれたござの上に座っていた女性が「ここに座りなさい」と仕草で私に伝えてくれる。クッキーを食べながら、「フセイン、カルバラ……」などの言葉が混ざる導師のおごそかな講演に耳をすませた。

シャー・チュラーグ廟。シーア派の大切な巡礼地の1つ。

シーネ・ザーニの儀式に参加する男性たち。

ＮＨＫおじいさんに誘われ

廟の前のバーザールを通り抜けると、大通りに突き当たる。それを超えたところにあるのが「バザール・ヴァキール」。ここは服や布地を売る店が多い。

店を冷やかしながら歩いていると、キャラバンサライ（隊商宿）の中庭を利用したカフェがあった。木陰に絨毯が敷かれた座椅子がいくつかあり、その1つに靴を脱いでくつろぐ。オーナーは長くイタリアに暮らしていたという。アメリカにも暮らしたことがあるが、母親が高齢になったため故郷に戻ってきたそうだ。

木陰は心地よく、根が生えてしまいそうだ。

さて、これからどうしよう。

まだ時間が早いので、マドラサ（イスラムを学ぶ古い学校）にでも行ってみようか。

バザールの中を歩いているうちに、道に迷ってしまった。たまたま1軒の店の前で店主と立ち話をしていた白髪の老人に道をきく。

「私が案内しますよ」

わざわざマドラサまでついてきてくれた。

マドラサの中庭は、外の喧騒が嘘のような静寂の空間だった。空めがけてそびえ立つヤシの木が南国的雰囲気を醸し出している。頭に白いターバンを巻いたイスラム学者らしき男性がベンチに座って休んでいる。

老人は、私をマドラサに連れて来た後も帰ろうとしない。「このタイル見てごらん、綺麗でしょう」「ここは生徒たちがコーランを勉強していた場所じゃ」……などと説明を続ける。

彼に促されてマドラサの2階に上った。シャー・チェラーグ廟とその尖塔が見える。

私が日本人だというと、「いつもＮＨＫ見てるんじゃよ」と嬉しそうに言う。

「家はこの近くなんですか？」

「そうだよ。うちに来て一緒にＮＨＫ見るかい？」

この後ヴァキール・モスクにでも行こうかと思っていたが、おじいさんの家の方が面白そうだ。

定年後は毎日がピクニック

おじいさんは「近く」と言ったが、タクシーで20分近くかかった。奥さんがいると聞いていたが、果たして本当に家にいるのか？　外出中だったらどうしよう？

ドキドキしながら待つ。深く考えずに来てしまったが、あとで後悔するのが私の常だ。ややあってドアが開き、中から白い布をかぶった女性が現れた。なかなかドアが開かなかったのは、礼拝中だったのだ。

（ああ、よかった……）

リビングの絨毯の上に2人で腰を下ろして、お約束どおりＮＨＫを見る。やっていたのは九州のとあるラーメン店のドキュメンタリーだった。大きな街道沿いにある24時間営業の店。ここに15年、20年も通っている人がいるという。夜中の1時2時まで賑わっている。脳性麻痺の男の子をかかえた夫婦なども登場する。結婚前によく2人で来ていたそうだ。

一人のトラック運転手がインタビューに答えている。「ここみたいにパーキングスペースがあるラーメン屋は少ないんだ。一昔前はデコトラざかりだったけど今は規則が厳しくなってね。こんなふうに地味になったよ」。

奥さんが食事を運んできた。彼女は先に食べてしまったらしく、おじいさんアーミルさんと2人でいただく。豆入りの炊き込みごはん。ごはんはふっくら。チキンもやわらかい。食後にお茶と果物。

奥さんはスパッツ姿の健康的な感じの方だ。63歳だが10歳は若く見える。

最初はあまり話さなかった彼女も徐々に打ち解けてきて、結婚式の写真などを見せてくれた。若い頃のミニスカートの写真なども。ホメイニ師のイラン革命（1979年）前だ。

「あの頃はみんなスカーフもかぶってなかったのよ。お酒は飲むし、映画にはベッドシーンだって出てきたわ」

と懐かしそうに語る。当時は今の西洋諸国と同じくらい何でも自由だったらしい。

今は2人とも年金生活。アーミルさんは銀行やブリジストンなどで働いたそうだ。奥さんは先生。以前はイランは年金は55歳から支給されたが、今は60歳からだそうだ。

「職種によっては、もっと定年が早いものもあるんじゃ。石油、鉄鋼関係の仕事とかね」

定年後も働く人は多いそう。小さな会社とか商店、タクシードライバーなど。物価高で年金だけでは生活費が足りないからだ。

「退職したら、毎日ヒマじゃないですか？」

「今の方がずっといいよ。でも退屈しないように計画性を持たないとダメじゃよ」

アーミルさんの毎日は、判で押したような規則正しい暮らしだ。毎晩12時に寝て朝6時に起きる。必ず9時に家を出て、バスで町の中心に行き、10キロ、20キロくらい歩くそう。そこに友達がたくさんいて、散歩の途中で会って立ち話したりする。私と会った時も、そんなおしゃべりの最中であった。

奥さんは夜10時に寝て朝9時に起きる。毎日5回礼拝し、料理を作り、近所の奥さんとおしゃべりし、親戚を訪ね、とけっこう忙しい毎日を送っているようだ。2人で近くの公園へ行くこともある。

「定年した今は、毎日ピクニックじゃよ」

そのせいで元気なのか？　会話中も、奥さんが席を立つと、するすると彼の手が私の膝にのびてくる。うまく払いのけながら話を聞く。

「毎日どんなものを食べてるんですか？」

「朝はチーズとバター、時々タマゴじゃね。昼はたくさん食べる。夕食は簡単にすますことが多いね」

子どもはいない。

「老後が心配じゃありませんか？」

「15年前にこの家を買ったし、わしらはとても強いし、心配なんて全くないよ」

また手がのびてくる。

「それに神を信じているからさ」

でも礼拝に熱心なのは奥さんだけのよう。

「神を信じているだけで十分じゃ」

老後というと日本では不安ばかりが先に立つ。しかしこの元気なアーミルさんと話していると、「意外に悪くないんじゃないか」とも思えてくるのであった。

夫婦の結婚写真。

リビングでくつろぐアーミルさんたち。

第5章

ヤスジ

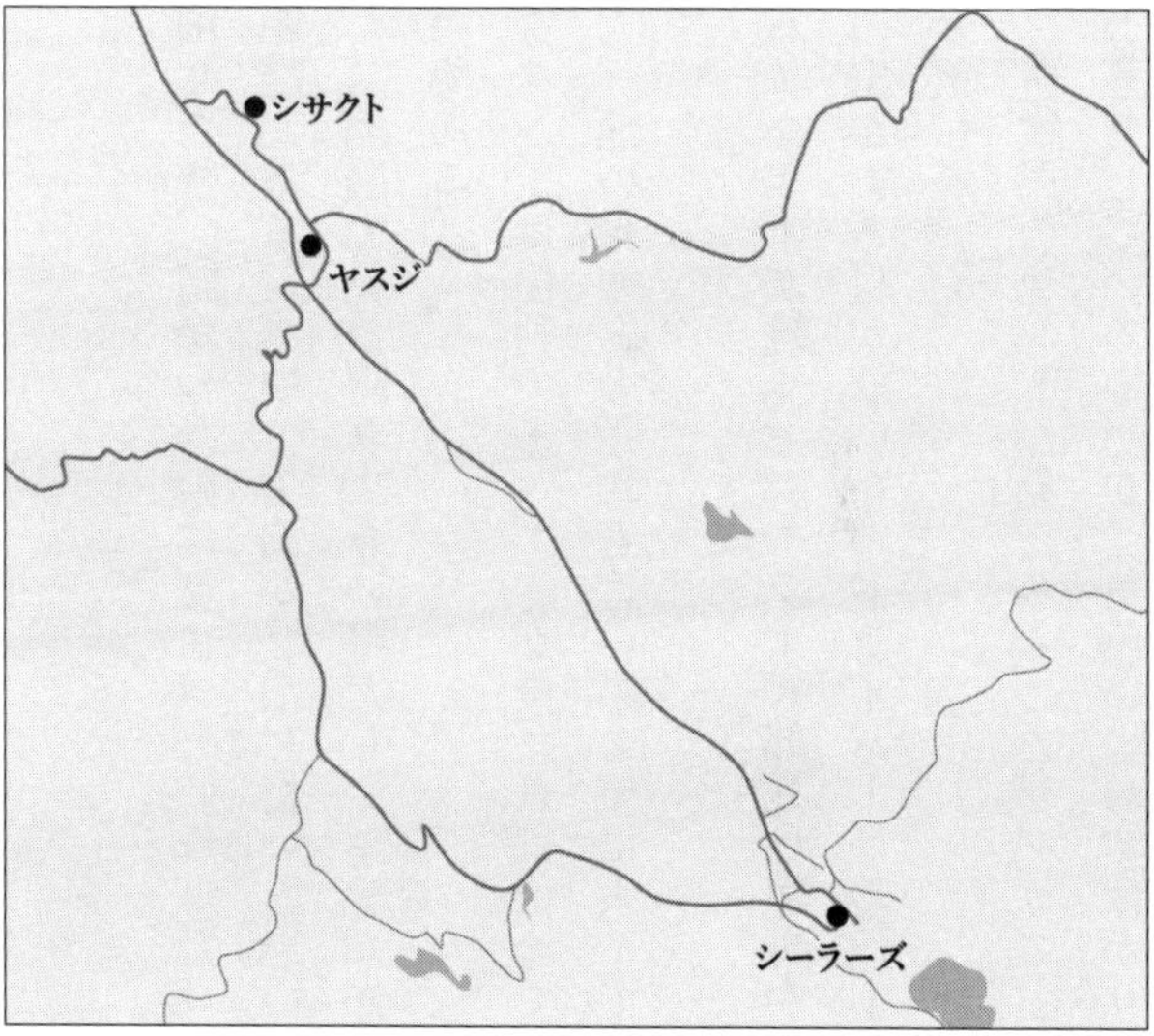

遊ぶなら若い男

旅も後半にさしかかった。シーラーズで2泊した後、向かったのはヤスジという町だ。本来の目的地はホラマバードだが、そこまで距離がある。途中で1泊か2泊したいと思い、地図を見ていて「ヤスジ」の地名が目についた。地図で見る限り大きい町だし、ホテルがあるだろう。そんな行き当たりばったりの理由である。

ヤスジまで乗合タクシーで向かった。乗合タクシーは便利である。客が集まればいつでも出発する。乗客は助手席に一人、後ろに3人。他の乗客との距離も近いのも気に入っている。

シーラーズを出発し、しばらくは3車線のハイウェイが続く。シーラーズ郊外は建築中の3階建ての建物が多い。それから赤い屋根の家がある村が続いた。ドライバーは時速100キロで飛ばしているため、刻々と景色が変化していく。

40分走ると丘陵地帯になり、家がなくなり、遊牧民のテントが見える。ここザグロス山中には、カシュガイ族やロル族などの遊牧民が暮らしている。やがて茶色い土の家ばかりになった。

（今日はどこで寝るんだろう？　ホテルは見当をつけていないし。まあなんとかなるか）

そんなことを考えながら外の風景に見入っていると、隣の若い女性が話しかけてきた。

「あなたが私たちの土地に興味を持ってくれて、うれしいわ」

鼻すじの通った美人。彼女は一人のようだ。

「ヤスジにファミリーがいるんですか？」

と聞くと、うれしそうに笑って「ボーイフレンドに会いに行くの」

イランでは未婚の男女交際は一般的でない。

「フィアンセ？」

「違うわ」

正真正銘のボーイフレンドか。びっくりして返事にとまどっていると、

「こういうのは、イランではあんまり普通のことじゃないわね。でもみんなけっこうやってるわよ」

クスクス笑う。そうだよな。

彼とはフェイスブックで知り合った。それが半年前で、3カ月前に初めて会った。それから月に1回訪ね会っているそう。前回は彼が彼女のところに来たので、今回は彼女が訪ねる番だ。彼女が暮らしているのはイラク国境近くの町で、そこからアフワーズ、シーラーズと飛行機を乗り継いできた。ヤスジに行くのは初めてとのこと。荷物は小さなリュックのみ。4日間彼のところに泊まるそうだ。両親には「テヘランの友人に会いに行く」と言ってある。

26歳の彼女は、大学で教えながら学生もしているという。彼は22歳。ヤスジの看護学校で働いている。

「友だちは、彼の年を聞くと笑うのよ」

結婚相手は男が女より年上が理想とされているのだろう。

「でも結婚するつもりないからかまわないわ。それに遊ぶんだったら若い方が良いもの」

と言って楽しそうに笑う。その合間にずり落ちた紺色のスカーフをかぶりなおす。その仕草が妙に色っぽい。

「まったく結婚するつもりないの？」

「そうよ。最初に話し合って、私たちの関係は単なる楽しみのためって決めたの」

ただ結婚願望がないわけではない。

「結婚は30歳くらいでいいわ」

「その時バージンじゃないけど大丈夫なの？　処女膜再生手術とか受けるの？」

聞いたところによると、イランではけっこう行われているらしい。初夜で処女でないことがバレると、離婚されることもあると聞いた。その昔は結婚式の最中に床入りがあり、血の付いたハンカチをみんなに披露するということもあったそうだ。ただこれには抜け道があり、鶏の血などを使うこともあるらしい。

「イランの男は処女かどうか気にする人も多いけど、そうじゃない人もいるわ。そういう人を選べばいいのよ。手術は受けないわ」

「そうじゃない人」は、かなり少なくなると思うが……。

「それにセックスしてもヴァージンの人もいるのよ」

「えっ、どういうこと？」

「つまり……」

クスクス笑って言葉を濁す。

「じゃ、あなたもバージン？」

「私は違うわ」

また体をゆらしながら楽しそうに笑う。全身から幸せオーラを発散させているという感じだ。よく笑う彼女は、女の私から見ても非常にチャーミングだ。金のない年下の男などと遊んでいないで、早くそこそこ安定した男性と結婚した方がよいのではないかなどと、いらぬ老婆心をかき立てられる。

男ならいいけど女はダメ

ところで、この辺りはイランでもとりわけ風光明媚な場所だ。周囲は雄大な景色が広がり、低木が等間隔に生えている。ヤスジの北にシサクトという保養地があり、彼女は彼とそこで過ごすそうだ。

私たちが話に盛り上がっているのに興味を惹かれたのか、ドライバーが割り込んできた。

「その日本人、おれんちのランチに招待するよ。ついでに家に泊まってけ」

英語が話せない彼と、隣の彼女を通して会話する。

「でも日本人は箸で食べるんだろう？　おれんちには箸がないな。だから自分でつくるよ。どんな木がいいかな？」

冗談まじりの発言に、隣の彼女がウケている。

「結婚してるのか？」

とドライバー。

「してる」というと、「してるのに一人でイランに来るってことは、ダンナよりあんたの方が強いんだろう？」

図星である。

「うちといっしょだな。で、ヤスジの後はどこ行くんだい？」

「シャハルコルド」というと、「そんなとこよりイスファハンに行け。イスファハンなら10日は必要だ」

イスファハンは3回訪れているが、個人的には2、3日で十分だ。

そうこうするうちに、ヤスジの町が近づいてきた。

「念のため、あんたを連れて行っていいかワイフに聞いてみるよ」

と携帯を取り出した。

残念ながら答えはノー。「男性ツーリストならOKだけど、女性じゃダメ」だそうだ。

絶景は眼中にない恋人たち

ヤスジのバーザールで下ろしてもらった。時刻は11時。

とりあえず喉をうるおそうと、目についたジュース屋に入った。メガネの店主は外国人を見るのは初めてらしく、かなり奇妙な目で見られる。彼にニンジンジュースとバナナ1本が欲しいことを身振り手振りで伝える。

その後メインストリートをぶらぶら。長いスカートの民族衣装を着た女性が歩いている。この辺りはロル族が暮らす土地だ。バーザールには民族衣装のための布地を売る店が軒を連ねている。

ヤスジの中心部を歩く民族衣装の女性。

メインストリートを往復したら満足してしまった。ヤスジは確かにこの辺りの中心都市だが、とりたてて何か見どころがあるわけではない。

さて、どうしよう。

先ほどの彼女に「シサクトはとても美しい所」と聞いた。そこに行ってみようか。イラン人に人気の保養地なら、ホテルくらいあるだろう。

町の中心の広場に出て、目についた背広姿の男性にシサクトまでのタクシー乗り場の場所を聞くと、タクシーを止めて交渉してくれた上、タクシー代も払ってくれた。

タクシー乗り場に行くと、なんと先ほどの彼女がいるではないか！　噂のボーイフレンドと、しっかり手をつないでいる。

彼は私のことを彼女からすでに聞いていたらしく、私を見てニヤニヤしている。紺の上着姿。澄んだ目をしていて、その目で見つめられると、ちょっとドキドキしてしまいそうだ。

「さあ、乗った」

ぷっくりとお腹の出た恰幅のよいドライバーが、私たち3人を車へと促した。

なんとまた彼女と同じ車。嬉しいかぎりである。

途中の景色はまさに絶景だった。山々は深い緑に覆われている。どこまでも澄み渡った青空。その場その場で車を止めて写真を撮りたいくらい。

こんな場所がイランにあったのか……。

もちろん2人は、周囲の景色なんて全く眼中にない。親密そうに肩を抱き合い、ヒソヒソと何かを話している。彼女は「結婚なんて考えてないわ、遊びだけの関係だもの」と言っていたが、そう割り切れるものだろうか？

「彼のこと好きなんでしょ？」と聞くと、ちょっと考えてから笑って「そうね」と言い、またクスクスと笑う。

ドライバーと彼はロル族で、ロル語を話す。彼女はクルド族だがロル語も理解できるので、彼とはロル語で話すそうだ。

ドライバーは「その日本人が泊まるところが必要なら、わしがアレンジするぞ」とか、「シサクトには美しい滝とかたくさんあるから案内してやる」などと営業色を打ち出してくる。

お客は私と彼女たちだけなので貸し切り状態。私が景色の写真を撮りたいと言うと途中で車を止めてくれる。2人は車の外でもしっかりと手をつなぎ合い、熱いキスを交わしている。

やがてディナ山が見えてきた。イランで2番目に高い山だそうだ。ドライバーによれば、山には100種類ほどの薬草が生えているとのこと。

道はカーブを繰り返し、そのたびにディナ山がかくれたり、また顔を出したりする。

ヤスジからシサクトまでの風光明媚な風景。

写真を撮りあったりしてはしゃぐ彼女たち。

「わしの家で、昼めし食ってけ」

ヤスジからシサクトまでは1時間ほどかかった。道が曲がりくねったりして勾配があるためだ。町の入口で、２人は一軒家に消えていった。

楽しんでるなあ。

女一人旅の自分が、なんだかむなしく思えてくる。

さて、どこに行こう？

シサクトは保養地らしく、静かな町だった。外にあまり人が歩いていない。ホテルの看板も見当たらない。ホテルくらいあるだろうと軽い気持ちで来てしまったのが間違いだった。

「どこに行く？」

とドライバーに聞かれ、とりあえずバーザールと答える。しかしバーザールは閉まっていた。

どうしたものか？

途方にくれていると、ドライバーがミラーごしに私を見ながら、「ホネ、ホネ」と言い、何かを口に運ぶしぐさをしている。

ホネ？

ホネは「ハネ（家）」のことで、「わしの家に来て、昼めし食ってけ」ということらしい。そうわかるまでに5秒ほどかかった。

なんだ、いい人じゃない。

ありがたい申し出に、すかさず「はい！」とうなづいた。

山の中を10分程走って、小さな村についた。コクダン村だ。

彼はコンクリート造りの灰色の家の前で車を止めた。

「ちょっと待ってて」

家に誰もいないらしく、あわててどこかへでかけて行った。家人を探しに行ったらしい。

やがて奥さんらしきロングスカートの女性が現れた。

ニコニコニコニコ……

私を見て満面の笑みを浮かべている。

ああ、よかった〜。

ヤスジまでのドライバーに「ワイフがダメだから」と断られたから、ドキドキだったのである。ここでも断られたらどうしよう、と。


リビングの絨毯上に腰掛けた私の前に、奥さんがずらずらと果物を並べる。ボールに山盛りのぶどうと真っ赤なリンゴ。さらに別のボールに山盛りのバナナと黄色いリンゴ、クルミ……。とてもじゃないが、食べきれない。

ぶどうが甘くて美味しい。皮が固いが、まるごと飲みこむ。これだけでお腹いっぱいになりそうだ。

奥さんはロル族の民族衣装を着ていて、歩くたびにロングスカートの裾がふんわりと揺れ、思わず見とれてしまう。

ドライバーのミラッドさんは「シャワー浴びるんなら、あそこにあるから」「部屋着に着替えたら?」などと気を使ってくれる。

「ミスター、ハングリー？」

ミラッドさん。

「チキンケバブ食べる？」

さっそくバーベキューの用意だ。ここでも例の棒が登場した。ミラッドさんが串に肉を突き刺していく。半分に切ったトマトも。

奥さんがどこからか大木をかついできた。コンクリート打ちっ放しの庭の中央に土がむき出しになった場所があり、その真ん中に大木を置いて、マッチで火をつける。火がちょうど良い具合に回った頃、ミラッドさんが肉の棒を火にかける。

焼き上がったチキンを、串からほどいて皿に並べる。付け合せはヨーグルトと生タマネギ。

焼きたての炭火焼チキンは柔らかかった。味付けは塩だけ。やっぱりバーベキューはこうでなきゃ。

台所でバーベキューの用意をするミラッドさん夫婦。

ロル族の民族衣装を着てみる

「横になるかい？」

ミラッドさんが隣の部屋に布団を敷いてくれた。実は昨晩泊まらせてもらったシーラーズのレザさん宅では、隣の部屋で寝ているお父さんのいびきがうるさくて眠れなかったのだ。

ミラッドさんも昼寝するのかと思ったら、すぐに仕事に出かけてしまった。まだまだ稼ぐのだ。

今朝は名前すら知らなかったシサクトやコクダン村に来て、初めて会った人の家に泊まろうとしている……。

心地良い気持ちにつつまれているうちに、ついうとうと1時間くらい寝てしまった。

起きたあと、少しだけ外を散歩させてもらう。

しばらく歩くとリンゴ林があった。時折リンゴを満載した小型トラックが私を追い越していく。まだまだ歩きたい気持ちがあったが、日暮れが近く、家族も心配するので戻ることにした。

家の中ではストーブが焚かれ、暑いくらいだった。

リンゴの収穫から戻ってきたという娘さんたちがいた。長女30歳、次女24歳、末娘は21歳。長女は結婚してテヘランに暮らしていて、今は休暇で帰省中だそう。お母さんは46歳だ。

3人ともかしまし娘で、よくしゃべる。

この村には70家族ほどが暮らしているそうだ。村の人はほとんど農民か建設業。主な農産物ははリンゴで、シーラーズ、テヘラン、イスファハンなどに売られるという。

突然長女のファトマが言った。

「そうだ、民族衣装着てみない?」

実は私も興味があったのだ。

持ってみるとずっしりと重い。ワンピースかと思っていたら上着とスカートは別々だった。上着は長く、左右にスリットが入っている。それをスカートの前と後ろにたらすので、ワンピースのように見えたのだ。ドレスを着ているみたい。冬は温かそうだ。この辺は冬はさぞかし冷えるだろうから、スカートの下にタイツを履いたりしてもいいわけだ。

「似合う、似合う！」

娘たちは大喜び。私のカメラで写真を撮ったり、自分のスマホで私と自撮りしたりとはしゃいでいる。

「あなたたちは普段着ないの？」

3人ともジーパン姿だ。

「古くさい」、「アクティブじゃない」、「洗濯がめんどう」だそうだ。

たしかに。これで自転車に乗ったりリンゴを収穫したりするのは大変である。

あと50年もたてば、この衣装を着ている女性はいなくなってしまうだろうか。ちょっとさみしい気もする。

ミラッドさんの奥さん（右）と3人娘

クルミや果物とり放題

翌日、かしまし娘たちと親戚が経営するリンゴ園へ。

そこには100本以上のリンゴの木があった。実は私はまじかにリンゴの木を見るのは初めてだ。リンゴの実は一つ一つはなれて実っているものと思っていたが、ここでは数個が密集してなっている。

地面のあちこちにリンゴが落ちている。触ると昨晩の霜でしめっていた。収穫は自然に下に落ちたものを拾うそうだ。それらを1カ所に集める。果樹園の隅に集められたリンゴが山になっていた。

村の散歩へ。

あちこちにぶどうの木があり、ファトマがつまんでは私にくれる。それはもう、砂糖の甘さなんて比べものにならないくらい甘い。道端に生えている食べられる植物の実をつまんでは私に渡す。ブルーベリー、リンゴを小さくしたような果物、「ザルザラック」とよばれる果物やブルーベリーみたいな「タマシュク」という果物もある。

クルミの木の下に来て、石を投げて実を取ろうとする。空中を飛ぶ鳥めがけて石を投げるようなものだ。でもちゃんとクルミに命中するから驚きである。その殻を手でぎゅっと押しつぶして中身をとり出す。香ばしく甘い。

山の上の方に水が湧いていた。皆ですくって飲む。

湧き水、リンゴ、ぶどう、クルミ、たくさんの名も知れない果物……月並みだが、豊かだなあと思わずにはいられない。

リンゴの林の中をつっきったりして1時間ほど歩き、コクダン村が見下ろせる山の上に来た。やがて雨がしとしと降ってきて、持っていたダウンジャケットを羽織った。

夜は3人娘とアーシュラーの集会へ。

モスクの中は垂れ幕で仕切られ、男女の空間が分かれていた。向かって右手が男性。そこでは男性50人くらいが円陣になって胸叩きの儀式の最中。そこに図々しく上がり込んで、写真を撮らせてもらう。

男女隔離が徹底しているイランでは、女が男の場に入ることはないが、私は外国人なので大目に見てもらえる。

男たちは円陣になり、左手を隣の人の方の上に置き、物悲しく重々しい歌に合わせて右手で胸を叩きながら歩き回る。小さな男の子たちも数人いて、鉄のようなものを振り回して遊んでいて、時々大人に注意されている。

男性たちは半数くらいが黒シャツ姿。これは「喪に服する」意味があるからだ。彫の深い顔立ちのイラン人の男性は、この黒が似合う。

女たちの部屋は男性よりも人数が多く、座る場所がないほどであった。

隣から聞こえてくる音楽に神妙な表情で耳をすませ、静かに自分の胸を叩いている人も多い。これはたいてい年配の女性で、若い女性の方は友人知人とおしゃべりに余念がない。

ファトマたちはもちろん後者。

アーシュラーの集いで、円陣になって胸を打つ男性たち

山の上から見下ろしたコクダン村

知らない女性にバトンタッチ

コクダン村に2泊した翌日、ファトマが運転する車でヤスジの乗り合いタクシー・ターミナルへ向かった。この日はヤスジから北上してシャハルコルドに行くつもりだ。前方に雪景色の山々が見える。車のラジオからは「カルバラー！　フセイン！　カルバラー！　フセイン！」とくり返す、物悲しい哀悼歌が流れている。かしまし娘たちはずーっと話しっぱなしだ。

いくつかの村を通りすぎ、30分でターミナルに到着。北方行きの乗合タクシーをファトマたちが見つけてくれた。

が、その時驚くことが起きたのである。

「今日はこの人の家に泊まるのよ」

ファトマがタクシーの後部座席にいる婦人を指差した。体の大きいそのご婦人は、私と目が合うとニコニコしている。

いったい、いつの間にそういう話に……。

「知り合いなの？」

「違うわ。でも泊まっていいって言ってるのよ」

言葉を失う。

ご婦人の住まいはメイマンド。先日行ったメイマンドとはまた別の村だ。地図を広げてみた。シサクトのわずか20キロほど北だ。その日はできればシャハルコルドまで行こうと思っていたのだが。旅も残すところ1週間余りである。少し急がないと。が、彼女たちの好意を無にするわけにはいかない。


1時間あまりでメイマンドに到着した。石造りの家が並ぶ小さな村だった。

（本当に家に行っていいのかしら？）

そんな私の危惧もどこ吹く風、ビロード地の深い紺色の民族衣装に身を包んだご婦人は、片手で私のスーツケースを持ち、もう片方の手でロングスカートのすそを持って、スタスタと歩き出す。日本なら「ちょっと家族に聞いてみて」となりそうだけど。こんなふうに中東の人、特にイラン人は気軽に他人を家に招く。

ドアを開けると、例によって20畳くらいのリビングがあった。奥のキッチンに若い女性がいた。娘さんらしい。私を見ても驚いている様子がないことに、逆に驚いてしまう。婦人は私のスーツケースをカウンターキッチンの手前に置いた。うながされて絨毯の上に座る。背もたれのクッションが置かれていて、そこに背をまかせ、ほっと一息。

……する間もなく、次から次へと果物が運ばれてきた。ステンレスのボールにザクロや赤いリンゴ、黄色いリンゴなどが山盛りになっている。その中に直径2センチくらいの小さな柿があった。物珍しさから、そのまま口に入れてみた。

（うまい！）

普通の柿をぎゅっと圧縮したような甘みがあり、干し柿にも似た味。5つあって、あっという間に全部たいらげてしまった。ご婦人がさらに5つ追加してくれた。しかしこれもあっという間に食べ……てしまおうとしたが、さすがにまた追加されると困るので、2つ残しておいた。

右が小さな柿。家の庭で採れたものだという。

英語話せますか？

「アーシュ（スープ）料理してるところに行きましょう」

娘さんのミトラに誘われた。彼女は大柄のどっしり落ち着いた体型で、切れ長の目をした色白の美人である。

彼女は私の靴が少し湿っているのを見て、庭の木の上に干してしまった。「これ履けばいいわ」と自分のサンダルを代わりに貸してくれる。

連れて行かれたのは、近くの民家だった。庭にテントを張った一角があり、そこで大鍋が火にかけられ、家の女性が一生懸命かきまぜている。それがスープ。明日はアーシュラーのため、村の代表の家でスープを作り、それを全部の家に配るのだそう。

その家を辞し、ミトラの後について行くと、なにやら物悲しげな歌声が聞こえてきた。道の端に男性たちが集まっている。輪の中心には白い帽子をかぶった宗教指導者風の男性がいて、マイク片手に歌を歌っている。そのもの悲しげな歌声に合わせ、男性たちが静かに胸を叩いている。

道の反対側に墓地があり、そこにチャドル姿の女性たちが集まっていた。たちまち若い女性たちに取り囲まれる。まゆを細く整え、綺麗に化粧しているが、ファンデーションの下からニキビが透けて見える。

「英語話せますか？」

一人の女子学生が話しかけてきた。

（そうか！　彼女たちは英語が話せるのか）

うれしくなって英語で質問を返すと、恥ずかしそうに皆で顔を見合わせている。彼女たちが知っているのは「英語話せますか？」だけだったらしい。

がっかり。

いや、イランを旅行するからには、本来こちらがペルシャ語を習っていくべきである。

ミトラは、そんな女子たちとのやりとりを、そばでニコニコしながら見ている。

私を見て恥ずかしそうに話しかけてくる女子学生たち。

家に帰ってミトラが料理を始める。

まずはチキン。チキンをバターで炒め、ジャガイモなどを加えて、缶詰のトマトペーストを入れて煮込む。そしてごはん。煮立ったお湯に米とスプーン3杯の塩を入れる。サラダの野菜をまな板を使わずに切って、マヨネーズであえる。

絨毯の上に布をしき、その上に食事を並べる。干しぶどうがのった白米を真ん中に、四方にチキンのトマト煮込み、サラダなどをバランスよく並べていく。美しい食卓。アートのようである。

生のハーブ野菜が添えられている。シシトウや長ネギ、ニラなどだ。おそるおそるシシトウを食べてみる。幸い辛くはない。ニラは生で食べたことはなかったが、意外においしい。これは新発見であった。

家めしレシピ❹

ミトラさんの家の「チキン・トマト煮込み」

❶フライパンにバターをしいてチキンを炒める。

❷角切りにしたジャガイモを加える。

❸缶詰のトマトペーストを入れて煮込む。塩、胡椒を加える。

アーシュラーの熱狂

ランチがすむと、ミトラはシャワーを浴び、それから念入りに化粧をしている。不思議に思っていたら、フィアンセがやってきた。2人はいとこ同士で、ともに22歳。来年結婚するそうだ。ドライバーの彼はヤスジに住んでいて、週末ごとにこの家にやってくる。

すぐに家族そろってフィアンセの車で出発した。行き先は「イマームザーデ・マフムード」だという。明日はアーシュラーなので、そこにお参りするのだ。

家を出ると、前の道を車が列を作っていた。それがずっと先まで続いている。どうやら皆が同じ場所へ行くらしい。

途中小さな村を2、3通りすぎると、山を登る。くねくね道だが、さすがドライバーのフィアンセ、けっこうなスピードを出す。

荷台に数人の人を乗せたトラックなどを追い越していく。時々知り合いに会うようで、車の中から挨拶をかけ合う。どの車も窓を開け放ち、カーステレオから「フセイン！ カルバラー！ フセイン！ カルバラー！」とくり返す、物悲しく叫ぶような歌が流れてくる。

ふと下を見れば、深い谷の底に清流が。息を呑むほど雄大な景色だ。山裾にそって走る細い道に車が何台も連なっている。

着いたのはダラブヤラートという村だった。この村の家々もメイマンド同様、平らな金属のトタン屋根である。この辺は雨が少ないからだろう。北部のカスピ海沿岸地方などになると、雨が多いため、屋根は勾配がある三角形だ。屋根を見れば、その土地の気候がわかるわけだ。

小高くなった場所にイマームザーデがあった。周囲はすでにたくさんの人が集まっていた。それより一段高い場所に若者が数人いて、イマームザーデを見下ろしている。そこに登ってみると、村とは反対側に雄大な渓谷が広がっていた。

やがて眼下から、男性20人ほどの一団が鉄の棒を振り回しながらイマームザーデに近づいてきた。丘の上は若者たちも建物の前の女性たちも、音楽に合わせて静かに胸を叩き始める。

イマームザーデに向かう途中の谷の風景。

興味深いのは、別に柵があったり警備員がいるわけでもないのに、自然と男女の場所が分かれていることだ。ミトラに「あそこに一緒に行こう」と、丘の上の男性がいる場所を指差したら、頑なに「いや」と断られた。

私は外国人ということもあり、男性がいる丘の上、女性たちの集団の中とちょこまかと移動しながら写真を撮る。それをミトラが聖母様のような笑みをたたえながら見つめている。

気づくと、イマームザーデ前の広場は、胸打ちする男性陣でいっぱいになっていた。歌に合わせて鉄の棒を前後左右に振りながら「フセイン！　フセイン！……」と合唱。興奮した女性たちが男たちの近くに寄って行こうとして、背広を着た警備員に追い払われている。

「アーシュラーの時、女性たちは胸叩きをしている男性の品定めをしている」と以前イランの研究者に聞いたことがある。神妙な顔つきで静かに胸を叩きながらも、「あの人の胸の叩き方、かっこいいわ」「なんだかなよなよしているわね」などと言い合っているそうだ。

やがて男性の数はどんどん多くなり、「フセイン！　フセイン！」と叫ぶテンポがどんどん早くなっていく。かと思うと悲しげな歌が始まり、またややゆっくりとしたテンポで胸たたきが始まる。

ミトラは友人知人と挨拶を交わしたりしている。新年のお宮参りみたいなものだろうか。彼女のそばにいると、ギャルたちが入れ代わり立ち代わり話しかけてくる。「英語話せますか？」「少しですが、話せます。あはたは学生ですか？」「？」……。たいていは、そんなやりとりだ。

「一緒に写真撮っていいですか？」も多い。1回や2回ならいいが、それ以上となると、そのたびにニコニコしなければならないので次第に疲れてくる。

その後お坊さんの説教のようなものが20分ほどあり、ようやくイマームザーデのドアが開いた。人がどどーっとなだれこむ。出る人と入る人が衝突し、入り口で押し合いへし合いして大混乱となった。私も混乱状態に乗じて中に入る。

皆我先に入るのだから、きっと何か素敵なものがあるに違いないと期待したが、イマームザーデにつきものの棺があるだけだった。

イマームザーデ・アフマドとその前に集まった人々。

イマームザーデ内部の中央には棺が置かれ、女性たちが柵を撫でたり礼拝したりしている。

第6章

ホラマバード

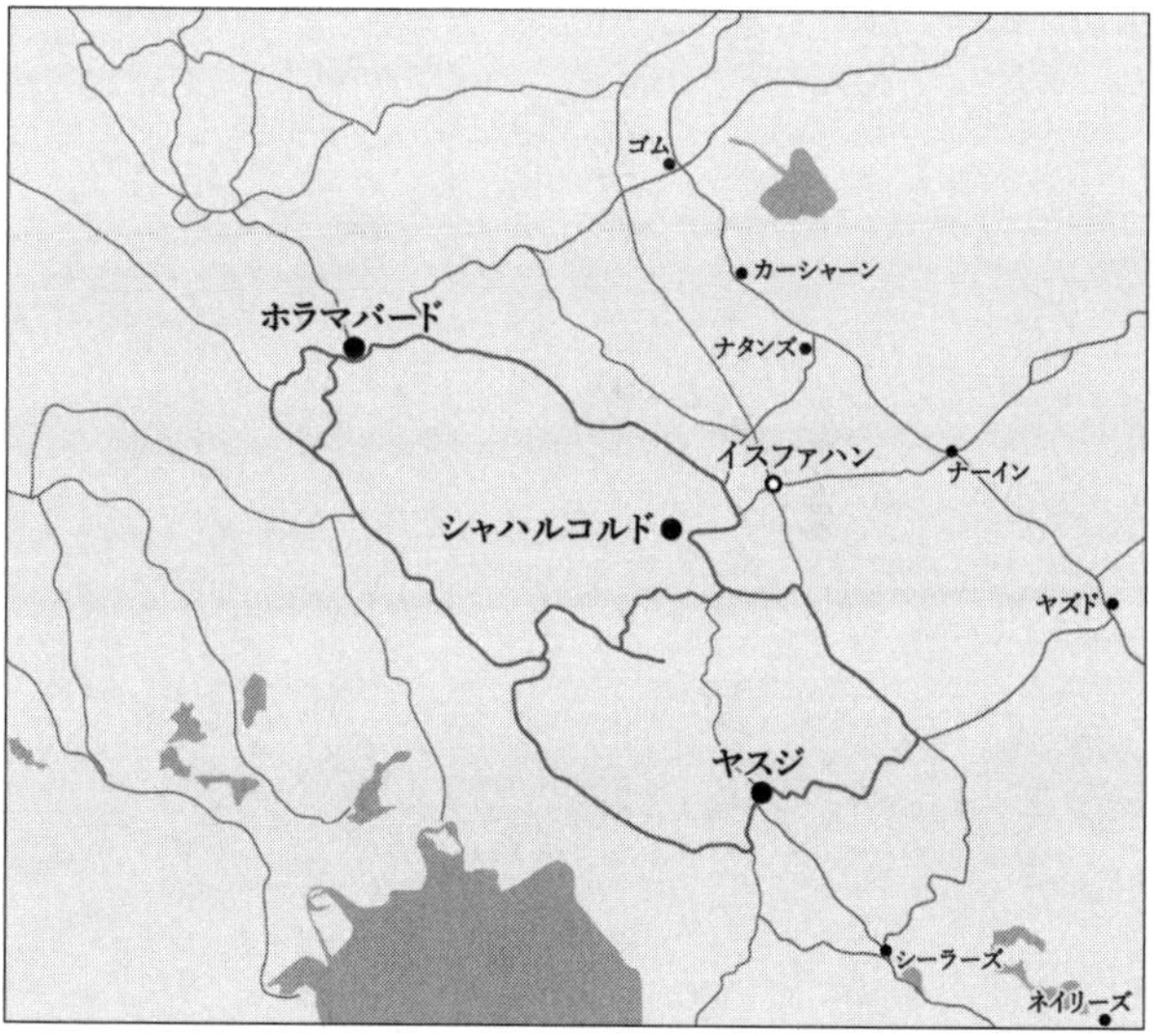
ゴム
カーシャーン
ホラマバード
ナタンズ
イスファハン
ナーイン
シャハルコルド
ヤズド
ヤスジ
シーラーズ
ネイリーズ

ドライバー・カリム氏の家へ

「今日はアーシュラーだから、車はないよ。もう1泊家に泊まって、明日の朝シャハルコルドに行ったら？」

お母さんやミトラにそう言われたが、「そんなことはないんじゃないか」と簡単に考えていた。旅も残すところ1週間。そうそうのんびりもしていられない。

この日はとりあえずシャハルコルドまで行き、時間が許せばホラマバードまで行こうと思っていた。ホラマバードはイラン北西部の中心都市だ。この後クルド地方に行くため、その中継地として適当だと思ったからだ。

弟さんの車でタクシーターミナルに来たが、やはりタクシーはなかった。こうなったらヒッチハイクするしかない。心配する弟さんとお母さんに見送られ、シャハルコルドに通じる道端で車を待つことにした。

近くでも道端で車を待っている男性がいた。実はイラン人もヒッチハイクをすることがよくあるのだ。

10時半。道端に立っていると、かなり暑くなってきた。

いつまで待つんだろう?

そう思っていると、1台の車が止まった。後ろに老夫婦が座っている。近くで待っていた男性と私が乗り込んだ。

助手席に座った男性と運転手が、しきりに何かを話している。イラン人は知らない人同士でも、すぐに会話が弾むものらしい。ドライバーは少しだけ英語が話せる。「イランの音楽は好きか?」などと私に話しかけてくる。

後ろの老夫婦は、シャハルコルドの手前で降りた。運転手の家族かと思っていたが、彼らもヒッチハイクしたようだ。

土漠ばかりの風景の中を1時間ほど走り、シャハルコルドに到着。街路樹のある静かな町だった。

ホラマバードまで行くという私をドライバーがバスターミナルへ連れて来てくれたが、バスの窓口は閉まっていた。開くのは午後2時だという。まだ12時。

「それならホラマバードの途中にあるダーラーンまで乗合タクシーで行くのはどうでしょ

う？」

一気にバスで移動するのではなく、車を乗り継いで行く方が面白い。

「ダーラーンなんて何もないし、つまらないよ」

何もない小さな町でも十分おもしろいのだが。考えこんでいる私に彼は言った。

「君には2つの選択肢があるよ。バスに乗るか、とりあえず今日はこの町のホテルに泊まるか」

うーむ。彼は続けた。

「事務所が開くまで私の家に来て休んで、また戻ってくればいい」

どうしてイラン人はこうも親切なのか。図々しいが、お言葉に甘えさせてもらうことにした。

彼の家はシャハルコルドの手前の小さな町にあった。彼はわざわざ自分の町を通り越して、私をターミナルまで連れてきてくれたのだ。

車中で彼カリム氏と色々話をする。彼はバンダルアバスで働いていて、週末ごとに自分の家に帰る。この日はアーシュラーの休日のために帰省。朝4時に出てきたという。

娘さんが一人いるが、何年か前から脳の傷害が発症して、歩けなくなってしまったそうだ。奥さんが毎日タクシーでイスファハンの病院へ連れて行く。

「ドイツに有名なイラン人の医者がいるけど、そんな場所へ診てもらいに行くお金はないからね」

家には働いていない弟もいる。だから自分一人で家計を支えているという。なかなか大変な話だったが、とくに悲壮めいた感じではなく、あくまでさらりと言う。それにしても毎日イスファハンの病院に通うとは。医療費、交通費の負担はかなりのものではないか。イランの病院は決して安くない。

「家に来れば、妻や娘もあなたを歓待しますよ」

と彼は言った。


「あなたは私たちのゲストです」

部屋にはストーブが焚かれていた。

奥さんと娘さんは外出中で、お父さんと弟さんがいた。お父さんがお茶を入れてくれる。弟さんがあわててランチを買いに行った。もしかしたら食べるものはあったのかもしれないが、外国の客に食べさせるには悪いと思ったのかもしれない。

買ってきてくれたのはケバブごはんだった。ごはんの上にケバブと焼きトマトがのっている。トマトをつぶしてごはんとあえて食べるとおいしい。

リビングの戸棚には弟さんとカリム氏の写真が飾ってあった。イスファハンの有名な「王の広場」で記念撮影したものだ。

お父さんも弟さんも外国人には慣れていないのか、ぎこちない雰囲気だ。カリム氏は疲れているのか会話もはずまない。朝4時に起きてずっと車を運転してきたのだ。ランチのあとは眠りたいにきまっている。またまた勢いだけで他人の家に来てしまったことを後悔した。

「上の部屋に行ってカギをしめて、横になっていいですよ」

本当に疲れていたら、喜んでそうさせていただくところだが、ここで正直に告白すると娘さんに会いたかったのだ。

脳に障害があるって、いったいどんな様子なんだろう？

もうすぐ奥さんたちが戻ってくるだろう。

この場に及んでも、ホラマバードに行くか、シャハルコルドで泊まるか決められないでいた。今日ホラマバードに行ったら、着いたら夜だ。宿も決めていない。

頭の中でぐるぐる考えをめぐらせていると、まもなくお母さんと奥さんが帰ってきた。そのまま別室へ姿を消した。すぐに顔を出すだろうと思っていた。カリム氏は「妻もあなたを歓迎しますよ」と言ったのだ。

が、出てくることはなかった。

その時当たり前のことに気づいた。見ず知らずの外国人に、障害のある娘を見せたくない。自分が彼女の立場なら、やはりそう思うだろう。しかも夫がどこの馬の骨かわからない女を勝手に家に連れてきたのだ。おもしろいはずがない。

そうこうする間にも、カリム氏はあちこちへと電話している。まずターミナルに電話してホラマバードのバスの時間を確認し、知り合いにバスのドライバーや、シャハルコルドのホテルの電話番号を聞き出している。それらに自分の携帯の番号を加えて、律儀にきれいな字で紙に書いてくれた。あとは私が決めるだけだ。

結局ホラマバードに行くことに決めた。

出発時、お母さんが出てきて、大きな丸いタッパーにたくさんのなつめやしを詰め、パンを何枚も袋に入れて持たせてくれた。

「今日のうちに食べないとダメよ。悪くなってしまうから」

とカリム氏。朝4時に起きてずっと車を運転してきた上に、家族が大変な状態にもかかわらず、自由気ままな旅行者である私を家に招き、ランチまでごちそうしてくれた。私にはとてもできない。

家を出る時に車代を渡そうとしたが、頑として受け取らなかった。

「あなたは私たちのゲストです」

弟さんがバスターミナルまでついて来てくれた。降りる際にタクシー代を払おうとしたが、彼もまた頑なに私を制す。

困った。この恩をどう返していいものか、私にはわからない。

ホラマバード行きのバスに私を案内した後も、それで終わりではない。彼は車内にいた若い男性に声をかける。「彼女は一人旅の日本人だから、何かあったら助けてあげて」。言葉はわからないが、そう言っているのだけは雰囲気でわかった。

出発間際に、カリム氏から電話があった。

「ちゃんとバスに乗れたかい？　何か問題ないか？」

出発すると、30分くらいで暗くなってしまった。隣は若い女の子。女性一人旅の私を心配してか、「これがホラマバードの女性タクシー運転手の電話番号よ」などと教えてくれる。

到着1時間くらい前にドライブインで休憩。外は身を切るような寒さだった。凍えていると、隣の女の子が話しかけてきた。

「おなかすいてますか？　あそこに座って話しましょう」

自分が着ているコートを私にかけてくれる。自分だって寒いだろうに。出発前に話した男子学生も話しかけてきた。革ジャン姿のスラリと背が高いイケメン青年だ。シャハルコルド出身で、ホラマバードの大学で学んでいるという。

「食べるもの、持っていますか？　僕はありますよ。お腹すいてませんか？」

大丈夫ですと答えると、「僕はパンを持っていますよ。よかったら食べませんか」

「ホラマバードではホテルに行くんですか？」と彼。「決めていない」と言うと、「私がホテルまでついて行きますから、心配しないでください」。

夜道でナンパされて家へ

ホラマバードに着いた時は夜10時を過ぎていた。

男子とタクシーを相乗りして町の中心へ。イランのバスターミナルは町から離れた場所にあるのだ。彼が私のタクシー代も払ってくれる。

彼の学生寮に寄って荷物を置いた後、２人で並んでホテルへ向かった。

その道すがら、信じられないことが起こったのである。

１台の車が私たちのすぐ横で止まった。運転席の窓が開いて中年男性が顔を出し、男子学生に何やら話しかける。２人でしばらく話した後、男子学生が私に向き直って言った。

「この人たちが、家に来なさいって言ってます」

え！

「もう夜遅いから、ホテルに行かないで彼らの家に来なさいって。ホテルに行くかどうかは、明日の朝決めればいいいと」

後ろの席には色白の上品そうな若い女性が2人。姉妹だろうか。私を心配そうに見ている。ともかく怪しい人たちではなさそうだ。男子学生もついてきてくれるというので、彼らの家に向かった。

道を歩いていて声をかけられ、家に呼ばれるなんて、初めてだ。

車で15分ほどのところに家はあった。

家族は英語が話せないので、男子学生を通訳に話をする。お父さんは始終ニコニコ。アリさんという名前だそうだ。姉妹かと思った女性2人は母娘だった。娘さんは20歳で今妊娠中。お母さんは37歳。若いから姉妹に見えたのだ。37歳で早くもおばあさんになろうとしているとは。

後で聞いたところによると、アリさんは警察官だったが、病気になってリタイアした。

年金をもらっているので、生活にはそれほど困っていないらしい。この家を10年くらい前に建て、1階は貸している。

果物をごちそうになる。「肉料理もありますけど、食べますか？」とお母さんに言われるが、さすがに遠慮する。

「明日は何をしたいか聞いています」

と男子学生。ここにどんな見所があるのか知らずに来てしまったが、とりあえずバーザールと答える。

あ、そうそう、料理も習いたいですと、ずうずうしくリクエスト。

果物に手を出すと「やっぱりあなたはお腹すいてるじゃないですか」と男子学生。帰りはもちろん、警察官のお父さんが男子学生を寮まで送り届けてくれた。

イラン版夏目雅子

翌日、この家の奥さんが作ってくれたのは「ゴルメ・サブジ」だった。野菜や豆を肉と煮込んだ代表的なイラン料理だ。

まずは深い丸い鍋に冷凍の羊肉と塩を入れる。タマネギを手で刻みながら入れていく。別の鍋で冷凍していた野菜を炒め、それを肉に加える。冷凍野菜にはほうれんそうやコリアンダーなど5種類くらいの野菜が入っているという。炒め終わったら鍋に入れ、水を加え、煮立ったら缶詰の豆を入れる。

そして「アダス・ポロ」。「ポロ」はごはん、「アダス」は豆。豆の炊き込みごはんだ。最初に米をゆで、ある程度ゆでたら、いったん水を捨てる。鍋に油をしき、塩、米を入れて煮込む。大さじ2~3杯の塩を入れる。

そしてチキン。私がゴルメ・サブジを食べられない場合のために作ったそうだ。鍋にタマネギとチキンを入れて煮込む。缶詰のトマトソースを入れる。

料理が出来上がる頃、美貌の母娘が登場した。

「ハーイ、私はモナよ。あなたは?」

その美しさに目が点になった。まるでブリジッド・バルドー、日本でいえば加賀まりこか夏目雅子といったところだ。

イランでは女優かと思うような美女がそこら中を闊歩しているが、彼女はその中でも別格である。彫りの深い顔つきに宝石のように輝く大きな瞳。その匂い立つような美しさのため、ずいぶん大人びて見えるが、まだ19歳だという。

そして、すでに婚約中。

「イランでは美しい女性は早く結婚するのよ」

と自信に満ちあふれた笑顔でいう。それがまったく嫌味に聞こえないのは、その美しさゆえか。両手で白い愛犬を抱きかかえてはキスする。フィアンセがバレンタインにプレゼントしてくれたそうだ。

「イランでは犬がいるところで礼拝できないのよ。私たち家族はあまり礼拝しないから関係ないけど」

といたずらっぽく笑う。やり方は一応知っているそうだ。「学校で教わったから」。イランはイスラム国家だから、人々はがんじがらめの戒律の中で苦しい生活をしているようなイメージがあるが、意外にそうでもないのである。

「イランには2種類の人がいるのよ。お祈りもしない、お酒を飲む人、その反対にすごく真面目な人」

とモナ。彼女の家族と違い、この家の主人アリさんはけっこう信心深い。そして犬はイスラムでは不浄の動物とされているため、アリさんは犬が大嫌い。そのためアリさんが外出から戻ると、それまで絨毯の上を走り回っていた愛犬はオリの中に閉じ込められてしまった。

そこへ次々に親戚がやってきた。最近までアリさんの娘ヤスミンさんの夫が病気だったため、その見舞いだという。

「イランでは、親戚の誰かが病気になると、必ずお見舞いするのよ」

とモナ。

イランは家族や親戚のつながりが強い。親戚同士で集まると、たいていそこにいない他の家族や親戚のことを話題にしているそうだ。

男性の親戚が来ると、女性たちは慌ててスカーフをかぶる。礼拝をしないモナもである。

アリさんの家のリビングにて。

女子の愛国心

床にソフラを敷いてランチをいただく。イランではパンの種類が町によって少しずつ違う。私が食べた中では、ホラマバードのパンがダントツに美味しい。クレープを厚くしたような感じだ。これは、丸い枕のようなものの上に薄く生地を伸ばし、それを中華鍋をさかさにしたようなフライパンの上にぺたんと置いて焼く。

「インドに行った時は、パンがぜんぜん美味しくなくて困ったわ。イランのパンを思い出して泣きそうになったもの」

とモナ。彼女の兄がインドに留学していたそうだ。

「食事もスパイスがたっぷりで、とても食べられなかった。だからマクドナルドとかケンタッキーばっかり食べてたわ」

なんと、もったいない！　外食に限ればイランよりインドの方がずーっと美味しいと私は思うが。

彼女のイラン自慢は食事にとどまらない。

「インドやパキスタンでは、女性の自由がすごく制限されてる。その点イランは違うわ」

「イランの男は結婚して仕事をやめろとか言わないの？」

「そういうのは村とか僻地に暮らす男だけよ。町ではあんまりいないわ」

「奥さんに子供ができないから、他の女性と結婚する男もいるんじゃない？」

「それはアラブの話よ。イランでもアフワーズとかアラブに近い地域はそういうことがあるけど。それにイランでは他の妻を持ったら最初の妻がだまってないわ。妻が去っていくとわかってるから、男は他の女とは結婚しないのよ」


中東の多くの国はアラブ民族の国だが、イランは中央アジアからやってきたアーリア人の国だ。言葉もアラビア語ではなく、ペルシャ語。そしてイラン人は「ペルシャ帝国の末裔」のプライドが高く、「自分たちはアラブとは違う」という意識が強い。

ちなみにペルシャ帝国とは、イランに紀元前から興ったアケメネス朝やサーサーン朝の総称。アーリア人が紀元前550年頃に初の統一国家アケメネス朝をつくり、東はパキスタンあたりから西はエジプトのナイル川にまで広がる大帝国となった。226年に興ったササン朝の時代には、東西の文明が交流するシルクロードの中継地となり、栄華を極めたそうだ。

「それに今のイランはバイオテクノロジーが発達してるから、そういう問題は解決したわ」

とにかくイランが一番。なのに外の世界では自国が良く思われていないことも知っていて、それが歯がゆくてたまらない。

「フジヨはイランに来るまで、イランのことどう思ってた？」

イラン人によく聞かれる質問だ。ありのままに、「来る前は怖いと思ってたけど、人はフレンドリーだし安全だし想像してたのと全然違うわ」と言うと、

「そうでしょ？」と嬉しそう。

「でも女性一人ではあまり旅行しないわよね？」

「それは夫や男の家族と一緒の方が快適だからよ。一人だと荷物を持つ人がいないじゃない。それに夫が妻を一人で海外に行かせないのは、イランの女性は美しく魅力的だからよ。他の男に取られるんじゃないかって心配でたまらないからだわ」

まあ、当たらずしも遠からずといったところか。

家めしレシピ❺

ヤスミンさんの家の「ゴルメ・サブジ」

❶圧力鍋に肉を入れ、塩を加える。

❷切ったタマネギを入れる。

❸フライパンで野菜を炒める。炒め終わったら①に入れる。

❹鍋に水を加え、煮立ったら缶詰の豆を入れる。

初キッスの行く末は？

その後は皆でヤスマンさんの結婚式のビデオを鑑賞。それからモナが運転する車でバーザールへ向かった。

バーザールが近づくと渋滞が激しくなってきた。その中をモナがかなり荒い運転で切り抜けて行く。運転技術はなかなかのものだ。

ホラマバードの見どころといえば、「ファラク・オルアフラク」というササン朝時代に築かれた城塞があるが、あまり興味はない。目的はあくまで生活臭漂うバーザールだ。

バーザール周辺は下町の雰囲気があり、アジアの市場を彷彿とさせる活気があった。果物やナッツを売る店、ヤギの頭や胃袋などを売る屋台の横にニワトリの頭、足、内臓などの屋台があったりする。生きた魚も売られ、まさに「庶民の台所」。

モナは「ここは貧しい人たちが買い物する所よ」と言うが、私にとっては、すましたデパートなどより、こういう所の方がだんぜんエキサイティングで面白い。ただこういうのは旅行者目線であって、私がイラン人なら、もっとモダンでおしゃれな店で買い物したい

バーザール。スープのだしに使う動物の足などが売られている。

新市街のブティックで買い物に夢中のモナたち。

と思うかもしれない。

こんどは新市街へ。モダンなブティックが並び、モナたちが熱心に服を物色して回る。トルコ製、インド製、中国製の服が主のようだ。


この日はモナの家に泊まらせてもらうことになり、荷物を持って彼女の家へ移動した。広いリビングのテーブルに、果物がまるでオブジェのように飾られていた。

モナの部屋の壁は全面フィアンセとの婚約写真で埋め尽くされている。イランでは婚約した時もパーティを行い、スタジオで写真を撮るそうだ。この手の写真はイスラム圏どこでも過剰なポーズで夫婦をまるで映画スターのように撮る。「カメラマンがのせて、色々ポーズ取らせるのよ」とモナ。

フィアンセは以前は会社員だったが、2年ほど前に兄弟と会社を立ち上げたそうだ。今どきの男女は結婚までに2人で合うのが普通で、彼女たちは1年つきあって婚約。彼が彼女の家に求婚しに来た。婚約時には夫が妻にゴールドを贈る。相場は20万円くらいとのこと。来春に結婚予定で、それまでにフィアンセはテヘランで家を買う予定だそうだ。

知り合ったきっかけは、ナンパみたいなものである。ある日、彼女のところに間違い電話がかかってきた。今のフィアンセからだ。

話しているうちに、どういうわけか「会いましょう」ということになったという。

「そういう時、イラン女性は会ってしまうの？」

「人によるわ」とモナ。彼女のツボにはまる何かがあったのかもしれない。

「彼って女性と話をするのが上手いのよ」

単に女慣れしてるってことではないか？

2回めにあった時に初キッス。

「とってもスイートだったわー」

モナは目をうるませる。

「すぐに恋におちてしまったの」

イランの真面目な男（すなわち童貞）が、キスが上手いだなんてありえない！　遊んでる証拠じゃないか。しかし19歳の乙女が簡単に恋してしまうのもわかる。おそらく彼女にとっては初キッスだっただろうから。今は1日に5～10回は携帯で話すそうだ。

「前は彼の方がたくさんかけてきたけど、今は私の方が多いわ。他の女にとられないか心配だもの」

　立場が逆転してしまったのだ。これは良くない兆候である。

　両親公認の仲なので、彼がホラマバードに来た時は、彼女の部屋で寝るそうだ。やることはやっているが、両親は一緒に寝るだけと思っているらしい。

「子どもができないか心配じゃないの？」

「大丈夫なやり方してるのよ」

　処女でない女性を結婚相手に選ぶ男はまだまだ少ないのがイランの現状だ。

　後で聞いたところ、実は彼は他の女性と二股をかけていたため、婚約はご破算になったそうだ。ちなみに婚約が破棄になるケースは、掃いて捨てるほどあるという。

　大人びていても19歳。恋の経験はまだまだだったようだ。でも彼女のこと、すぐにもっと良い相手が見つかるにちがいない。

　なんてったって、イランのブリジッド・バルドーなのだから。

モナたちの婚約写真。

第7章

サナンダージとクルディスタン州

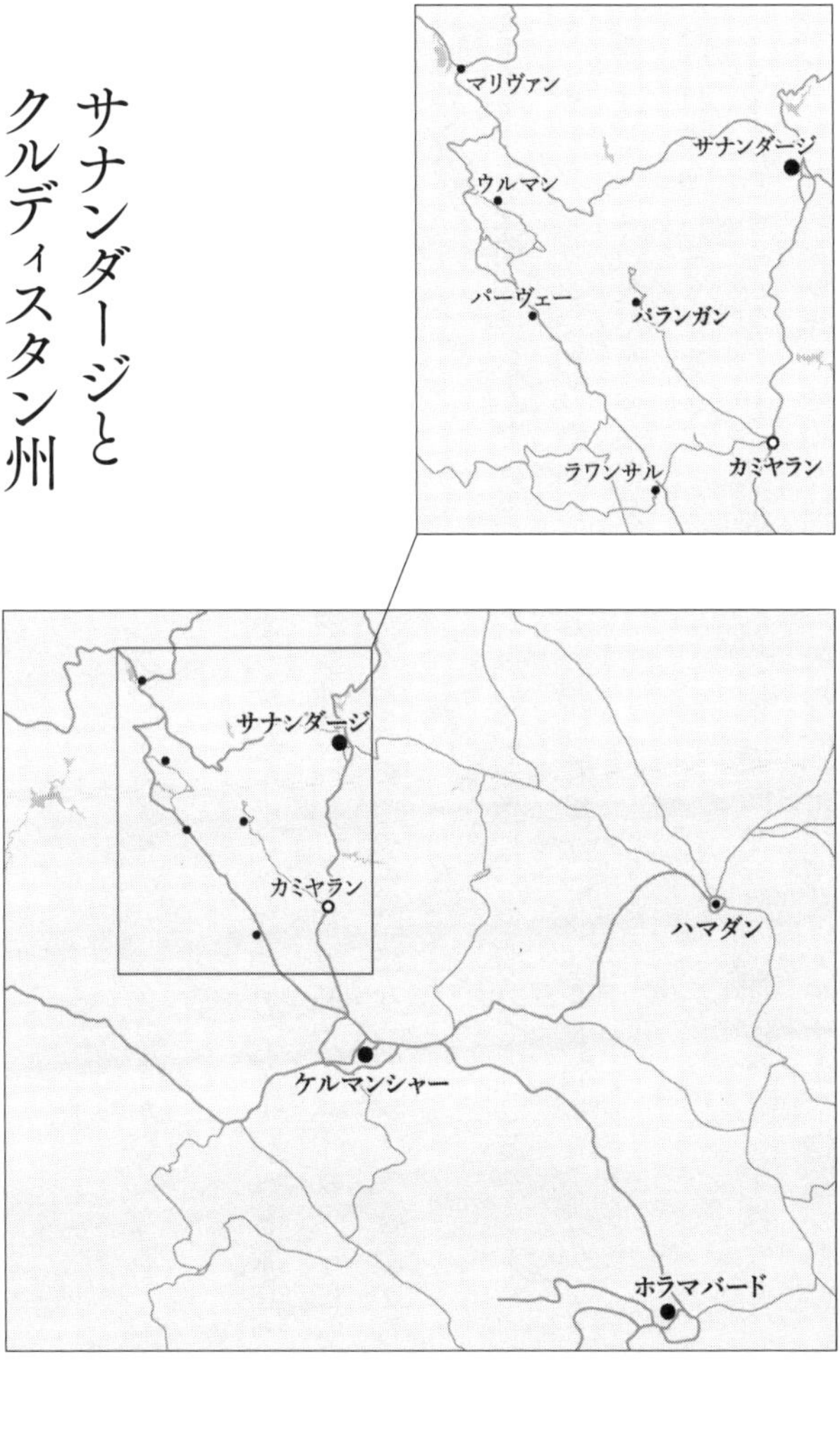

「おくりびと」と「東京物語」

「何かあったら私の携帯あてにワン切りして。フジヨの携帯のバッテリーがなくなると困るから、私からかけ直すわ」

頼もしいモナの言葉に見送られ、3泊したホラマバードを後にサナンダージへと旅立った。サナンダージは北西部にあるクルディスタン州の州都。当初は同州のパーヴェーに行くつもりだったが、こちらに変更した。シャハルババクでお世話になったレイラさんから連絡があったからだ。

「サナンダージに男友達がいるんだけど、フジヨのこと話したら泊めてくれるそうよ。彼ならウラマンやパランガンに知り合いがいるし、最初にサナンダージに行った方がいいわ。一人暮らしだけど、良い人だから大丈夫」

イラン女性は本当に頼りになる。

ホラマバードからサナンダージまで乗合タクシーで向かう。直通のタクシーはなく、ヌールアバドとケルマンシャーで乗り換えだ。その間、行く先々でモナから電話があり、タクシードライバーと話してくれたため、スムーズに移動することができた。以後も彼女は帰国まで事あるごとに電話をかけては助け船を出してくれた。イランでは英語が話せる友人がいると誠に心強い。

サナンダージの町中は、アパート群が山すそにへばりついていた。ターミナルに着いて、あらかじめ聞いていた友人プヤさんに電話。しかしつながらない。

タクシーを出たところに食堂があり、お茶しながら待つことにする。

「ちゃんと友人に会えた?」

モナから電話。まだだと言うと心配している。

「その人は男なの? 女なの? ファミリー?」

どういうわけか「男」と言いづらくて、ファミリーとごまかす。まるで母親に詰問される若い娘みたい。

「サナンダージは雪が降るみたいよ」とモナは言っていたが、なるほど寒い。トイレでスパッツをズボンの下にはく。

ようやく連絡がとれ、彼に指示された場所へタクシーで向かう。雨足が強くなってきた。着いたのは町の中心らしき繁華街だった。彼が傘を持って迎えに来てくれた。まだ20代の若者だったのでびっくり。

彼は近くのショッピングモールにあるビデオショップのオーナーだった。

「日本の映画、大好きなんだ。おくりびとも東京物語も見たよ」

渋い趣味である。

「たぶん日本映画は100本以上見たかな」

しっかりした聞き取りやすい英語を話す。聞けば独学だという。

悲しいかな、私はほとんど映画を見ない。もし日本の映画に詳しければ、ここでも大いに盛り上がることができたのに。国際交流にはまず自国の文化を知ることが大切だと痛感する。

逆にイラン映画ならけっこう見ている。といっても両手で足りるくらいだが。

イランは映画製作が盛んな国だ。日本でもアッバース・キアロスタミー監督の『友だちのうちはどこ?』（1987年）など、イラン映画が多数公開されている。イランの映画は子どもを主人公にした作品が多い。国際的に高い評価を受けている作品も多数ある。

彼にウラマンなどの行き方を聞いているうちに雨がやみ、一人でバザールを散策することにする。

プヤの店のようにビデオを売っている店がたくさんあった。ここはクルド人が暮らす土地だが、クルドの民族衣装を着ている男性は少ない。

バザールの奥にゲームセンターがあり、いい年した男たちがたくさんゲームに興じていた。私を見て口々に「チャイナ」「チンチン」などとはやし立てる。こういうのはイランに来て初めてだ。サナンダージは訪れる外国人が多くないからだろうか。

夕食は彼の友人が経営するクルドレストランへ。「カルネ」という野菜が入った薄い揚げパンと、「カワルメ」というヒツジ料理などをいただいた。

プヤは27歳。3歳の妹がいるそうだ。

「お母さんが弟をなくして悲嘆にくれている時、医者に『子どもをもう一人持ったほうが良い。そうすれば意識がそこに向くから』とすすめられたんだ。そうしたら、うまくいってね」

18歳から一人暮らし。本人曰く、自由が欲しいからだそう。

「どうして親といっしょに暮らさないんだって周囲の人はうるさくてね」

両親は近くに住んでいる。

「僕はまだ男だからそれほどでもないけど、女だったら一人暮らしするなんて、ありえないね。女性はこの国では自立していないから。イランの女性にとって結婚はとても重要さ。いくら裕福でも博士号を持ってても同じ。結婚していない女性について〝何か問題があるんじゃないか〟って陰で噂したりするんだ」

それでも、クルド人の地域はイランの他の場所に比べて自由だそうだ。結婚式もこの国では基本的に男女別だが、ここでは一緒。女性はチャドルも着ない。

「サナンダージでチャドルを着ている女性は、他の地域から来た人だよ」

しかし女性は結婚まで処女であるべしとされる。

「結婚相手が処女じゃなくてもいいって男は、イランではすごく稀さ。バージンなら他の男と関係がないクリーンな体だと思うからね。でも彼女の体は彼女のもの。僕は彼女に性体験があってもなくても、あまり気にしないけどね」

夜、彼の家で「日本の映画を一緒に見よう」と言われる。彼の希望は「おくりびと」。でも彼の家に行くと、眠くなってしまった。実はちょっと不安もあったのだ。二人きりで映画など見ているうちに、もしもいい雰囲気になってしまったらどうしよう？などという。全くの杞憂だけれど。

そういうわけで、早々と個室に布団をしかせてもらう。きっと彼は「日本人と思う存分映画の話ができるぞ！」と楽しみにしていたに違いないのに。申しわけなかった。

イラク国境近くのウラマンへ

翌日、雨がしとしと降る中を、ウラマン方面へのバスが出るターミナルへ向かった。ウラマンでプヤの友人が民宿をやっているという。1泊20ドルほど。この日はそこに泊まる予定だ。まずバスでビヤカラへ行き、そこからウラマンまでは、ヒッチハイクになるという。

ターミナルに行く途中で傘を買う。質はそれなりで閉まりずらかったりするが、以後数日けっこう役に立った。この後ずっと雨続きだったからだ。

年代物のバスは、山をゆるゆると登っていく。雨で窓ガラスが白く曇るのを、手でぬぐっては外の景色を眺める。周囲は黄色く枯れた草が生える山々が続き、数軒の家が集まった集落が現れては消えていく。とにかく寒い。

1時近くにビヤカラに到着。私一人だけ降りる。

「ウラマンに行くのか？」

近くに止まっていた車のドライバーが声をかけてきた。ここからウラマンへ行くツーリストがけっこういるのだろう。無視して歩き出すと、また別のドライバーが声をかけてくる。「トイレ行きたい」と言うと、近くのカフェを案内してくれたが、出た所でちゃんと待っていて、私のスーツケースを勝手に自分の車に乗せてしまう。

ちょっと待って。このままでは、彼の車をチャーターすることになってしまう。とはいっても、言葉がわからない。困ってモナに電話。

「今、ウラマンってところに行きたいと思って車を探してるんだけど、運転手に勝手に車に乗せられて……」

彼女によると、車代は約2千円。イランの相場からしたらけっこう高い。ウラマンはかなり距離があり、道も悪く雪や雨が降っているからだという。

あまり気がすすまず、他の車を探すことにする。四輪駆動車がけっこう通るが、なかなか止まってくれない。

ようやく1台の乗用車が止まった。「ウラマン？」ときくと、「そうだ」。後ろに初老の夫婦が乗っている。

乗用車はやっぱり快適だった。しかしなぜか寒いのに、運転手の男性も助手席の（父親と見られる）初老の男性も窓を開けている。雨が入ってくるし、寒いのなんの。しかし乗せてもらっている身で「閉めてくれ」とは言えない。

モナから電話。「どうなった？　大丈夫？」と聞かれ、家族の車に乗ることができたことを伝える。

ウラマンの村々

相変わらず外は黄色い枯れた草が生えている。やがて山の上の方に来て、霧で前方が全く見えなくなってしまった。「ここがイラクへの道だよ」と運転手の男性が教えてくれた。1時間くらい走り、ようやく車を降りてウラマンが見えてきた。

外はどしゃぶりの雨だった。プヤに聞いていた友人ムハンマド君の番号に電話。現れたのは若い男性だった。近くのお姉さんの家に案内される。リビング中央でストーブが焚かれていた。火力は強くないが、ありがたい。

ムハンマド君が私のパスポートを要求。コピーを渡すと、「これではダメだ」。彼は英語ができると聞いていたが、実際にはほとんど話せない。そこでプヤに電話して間に入ってもらう。

「ペルシャ語のものはないのか?」とムハンマド君。英語しかないと言うと、しぶしぶOKとなった。

こんどはお金の話だ。「プヤにいくらと聞いていたか?」と聞かれて「20ドルくらい」

と言うと、怒った顔で「トマン（イランのお金。1トマンは10リアル）じゃないのか?」。その時のレート換算で60000トマンほどだったので、ノートに「60000」と書くと、「70000だ」。しぶしぶ70000で合意。

お金のことで決着がつくと、機嫌が良くなったムハンマド君は、ウラマンのことを教えてくれる。ここの村の名はウラマンタクト。他にカラマ村やウィシャン村などがあり、それらを総称して「ウラマナート」と言うそうだ。

ウラマンタクトの風景。

お世話になった家族。右がムハンマド君のお姉さん。

雨が小ぶりになったので、近くを散歩した。村の端まで歩いてみる。道は舗装されておらず、ゴツゴツとした石があちこちにあり、しかも雨で水たまりができていて歩きづらい。坂も多くて疲れる。

クルドの民族衣装を着た男性がけっこう歩いている。ほとんどは年配の男性だ。その上に肩の部分がとんがったユニークな形のフェルトのチョッキを着ている。若い男性は革ジャンが多い。

谷をはさんだ向かい側の山肌に滝が流れていて、その音が耳に心地よい。日本の山奥の温泉郷を歩いている気分だ。

また雨がぱらぱら降ってくる。

しばらく歩いたところで村を振り返る、山肌にびっしりと家々がはりついて建っていた。その上に雨で靄がかかっている。山を登ったり降りたりするのは大変だろうに。よくこんな場所に家を建てるなあ。

ヒッチハイクしてカラマ村まで行ってみることにした。ここにはタクシーなどないからだ。

カラマ村は小さな村だったが、2、3軒の仕立て屋やスーパーがあった。ビデオショップ、カフェ、ケバブのレストランなどもある。

若者に声をかけられた。「僕はここのツアーガイドだ。泊まる場所を探してるの？　僕の家に泊まることができるよ」。値段を聞いたらムハンマド君のところより安かった。

彼の家の1階がカフェになっており、村のことを聞いてみようとお茶をいただく。

カラマ村は150家族、ウィシャンは50家族、ウラマンタクトは2000家族が暮らしているそうだ。

この辺りの人は「ウラマン」という言葉を話す。クルドの言葉のうちの1つの方言だ。

「イランにはいろんな民族がいるんだ。トルコ、アラブ、クルド……。イラクはアラブだけだけどね」

イランの国民はペルシャ人が約半数で、次に多いのがトルコ系の人々で約25パーセント、その他クルド人やアラブ人だ。

私がこの後パランガンへ行きたいというと、スマホでグーグルマップを開き、パランガンまでの道筋を示してくれた。

クルドの郷土食

5時をすぎると雨が降り出し、真っ暗になってしまった。雷が光っている。車を呼んでもらった。

車を降りようとすると、目の前を川のように茶色い雨水が流れていて、降りることができない。もう片方のドアを開け、雨水を飛び越えて家に帰る。

家の中でお姉さんがパンを焼いていた。クレープのように薄い、この地方独特の「ナン・ホウラミ」というパンだ。平らにしたパン生地を、堅いクッションのような台の上に広げて、ひたすら薄く平らに伸ばす。それをペタンと鉄板の上に置いて、何度かひっくり返しながら焼く。

夕食は「ドイネ」のスープをいただいた。ドイネはチーズを硬く乾燥させたようなもので、2千年前からこの地域で食べられているものだという。スープは水にドイネの固まりとひよこ豆、アダス、塩などを加えて1時間ほど煮たもの。そしてアーブグーシュと、パン、ごはん。家族はみんなごはんをパンに挟んで食べている。

ドイネこそ他の地域にはないが、それ以外の食べものはイランのほかの地域と一緒だ。お茶の飲み方も。角砂糖を口に入れ、コップから受け皿に移したお茶を口に入れる。

夜、寝ようとする私のところに、お母さんが色々な食べ物を持ってきた。ドイネ、くるみやらレーズン……。ますます荷物が増えてしまう。

モナから電話。ファミリーのところに泊まっていると言うと、

「70000はちょっと高いわね。まあ許容範囲だけど。ウラマンまでのファミリーの車にはお金払ったの？」

おせっかいなまでの気遣いが嬉しい。

朝ごはんにいただいた豆と、この地方のパン「ナン・ホウラミ」。

「フード、フード」と呼ばれて

翌朝、激しい雨音で目が覚めた。玄関を開けると、家の前の道を川のように雨水が流れていた。

（はー）

ため息が出る。この日はパーヴェーを経由してパランガンに行くつもりだったからだ。プヤによれば、ウラマンからヒッチハイクでパーヴェーまで行けるという。

ナンと豆の煮込みの朝食をいただいているうちに、雨はやんだ。

ムハンマド君にバイクでパーヴェー方面の車が拾える場所まで送ってもらう。私の重たいスーツケースをバイクの前にかかえて出発。

ウラマンタクトからパーヴェーまで複数の村があるという。ボルバール、シリン、ノビン、ナオ、ハジジ、そしてパーヴェーだ。

1つ目の村ボルバールまでの道は、くねくね道ですごかった。カーブをくりかえすたびに私のスーツケースが落ちないかハラハラする。ムハンマド君が「歌を歌え」と言うので、

ウラマンタクトからのくねくね道で見たボルバール村。

下手な歌を歌っていると、思わず息を飲んだ。眼下の谷底にボルバール村が見えてきたのだ。

「フォト?」とバイクを止めてくれる彼。けっこうサービス精神旺盛で、いいやつじゃない。と思ったら、しっかりバイク代を要求された。

バイクを降りると、すぐに次のシリン村までの車が見つかった。

(シリンで降りたら、またパーヴェー行きの車を拾えばいいや。)

そう軽く考えていた。

シリン村に着いて車を降り、道端でさらに先に行く車を待つ。近くにいた男性に聞くと、「ここからパーヴェーに行く車はないよ」と言う。が、その時は本気にしていなかった。20分ほど立っていただろうか。さっき車のことを聞いた男性が、私に「フード、フード」と言いながら、何かを口に運ぶしぐさをして下の方を指差した。

見ると、一軒の家の玄関先で女性がおいでおいでをしている。「フード」と言っている男性は、その家の人なのだろうか。

家の女の子が下から登ってきた。オレンジのワンピース姿。私のスーツケースを持つと、もう片方の手でスカートの裾を持ち、うまくバランスを保ちながら下に下りていく。あっけにとられながらも、女の子に促されて家におじゃました。

テレビの衛星放送でアメリカのプロレスをやっていた。

この家はおじいさんと夫婦、女の子2人の5人家族。スーツケースを持ってくれた10歳くらいの女の子と6歳くらいの子。どちらも黄色とオレンジの色鮮やかな民族衣装を着ている。私と目が合うと恥ずかしそうにニコニコ。言葉が話せないのがとても残念だ。

ほどなく卵焼きとトマトを炒めたものが出てきた。家の人が食べないところを見ると、私のためだけにわざわざ料理してくれたらしい。トマトの甘ずっぱい酸味が口の中に広がる。

時刻は2時。そろそろおいとましないと、時間がない。

私を家に招いてトマトと卵の料理をご馳走してくれた家族。

卵とトマトの料理。左手前はイラン全土で食べられている「ラヴァーシュ」という薄いパン。

ハチミツとバターのハーモニー

その家を辞して、また先ほどと同じ場所で車を待った。道の向かい側に雑貨屋があり、その前の長椅子でお年寄りが並んで座ってよもやま話をしている。

目の前を牛がゆっくりと歩き、しばらくするとまたゆっくりと戻ってくる。それを何度も繰り返す。

（ああ、いったい今日パランガンに行けるのだろうか。）

こうなったら、マリヴァン方面へ行って、そこからパランガンに行くしかないか。しかしそれは元来た道を戻る形なので、あまり気がすすまない。

売店の前の椅子が空いたので座ると、隣家の女性が隣りに座った。そして色々と話しかけてくる。どうやら「家においで」と言っているらしい。いったんは断ったが、私の肩をしつこく何度もこずくので、断りきれずにおじゃました。

ストーブが焚かれていて温かかった。部屋の隅で、先ほど売店の前でよもやま話していた老人が礼拝をしている。

すぐにパンとハチミツ、バターが出てきた。ハチミツは巣のまんま。そして手作りのバター。日本でこんなものを食べたら、いったいいくらになるのか……。先ほど食事したばかりだからお腹はすいていなかったが、目の前に出されるとつい手が出てしまう。バターとハチミツの組み合わせは絶妙だ。ハチミツのやや強い甘みがバターで良い感じに緩和される。

食べ終わってお茶を頂いていると、うとうとしてきた。家に呼んでくれた女性ハミダさんが、すかさず布団をもってくる。遠慮なく横になると、上から布団をかけてくれた。

1時間くらい寝てしまった。

この家に泊まることになりそうだ。ウラマンタクトから、ほんの少ししか移動していない。イランの旅も残すところあと2日。焦る気持ちはあるが、しかたがない。僻地の旅はいつだって思うようにいかないものだ。

「よく眠れましたか？」

やさしそうな声がした。ハミダさんの息子だった。

シリン村の雑貨屋の前で集う老人たち。左がハミダさんのお父さん。

ハミダさんが出してくれたバターとハチミツ。

彼と少し話をする。名前はアブダッラーさん。ハミダさんたちはふだんマリヴァンに暮らしていて、休暇でこの実家に帰ってきているそうだ。

礼拝していた彼のおじいさんは110歳だという。奥さんは85歳。ずいぶん年が離れている。

「こういうのは、昔のクルド人地区では普通のことなんですよ」

とアブダッラーさん。シリン村の人は主に農業で生計を立てているそう。作っているのはザクロ、ジャガイモ、いちじく、かりん、ぶどうなど。人口は約900人。ほとんどがイスラム教のスンニー派だ。そして牛が100頭。

「村を散歩しましょう」

寝ている間に少し雨が降ったようで、地面が湿っていた。谷間の川に向けて緩やかに傾斜する斜面に家々が建っている。どれも石造りの家。静かな村だ。川辺に行くと、クルミを拾っている男性がいた。

一軒の家の前で、夫婦が大鍋でザクロを煮詰めていた。ジュースを作り、マリヴァンで売るそうだ。金属の棒でトントンとザクロを叩き割り、中の実を取り出す。その横では直径1メートルほどの大鍋が焚き火の上に置かれ、ザクロの汁が煮えていた。

夕食にゆで卵とジャガイモをつぶしてバターを混ぜたもの、オクラのトマト煮込みをいただいた。後者はエジプトなどではポピュラーな料理だが、イランで食べるのは初めてだ。皆ナンを小さくおりたたみ、それにおかずを挟んで食べる。私はたたむのが面倒で、ひらひらのパンでおかずをすくっていると、アブダッラーさんがわざわざ「こうやって食べるんだ」とナンのたたみ方を教えてくれる。うっとうしいくらい親切なのだ。

夜シャワーを浴びたいと言うと、ハミダさんがビニールに入った真っ赤な大きなタオルと箱に入った真新しい石鹸を出してくれた。そんなことしなくていいのに。「いい匂いがするわよ」と石鹸の匂いをかいでみせる。

シャワーを浴びて出てくると、私の寝る部屋にストーブが赤々と燃えていた。ハミダさんが入ってきて、「ストーブで髪の毛をかわかしなさい」と言う。タオルで水気をとれば十分なのだが。「髪の毛が濡れていると、風邪をひくわよ」と身振り手振りで言う。まったく、おせっかいなこと。

寝る時もしきりにストーブを焚いたまま寝ろと言うが、暑くなりそうなので消してもらった。それでは寒いからと、布団をもう1枚持ってくるハミダさん。「夜は冷えるからね」。

明け方、寒くて目が覚めた。やっぱりストーブをつけておくべきだった。土地の人の忠告には従うべきだ。

クルド地方の中でとりわけ素朴で、クルドらしい人情や美しい景色があるとすれば、個人的にはこのシリン村なのではないかと思う。

うとうとしていると、モナから電話。

「今どこ？　あと2日で日本に帰るのよね。寂しいわ」

彼女に帰国日を話したことなどすっかり忘れていたが、彼女はちゃんと覚えてくれていたのだ。

右からハミダさんのお父さん、ハミダさん、お母さん、息子のアブダッラーさん。

谷底に落ちるかも

もうヒッチハイクしようなどという愚かな考えはなかった。パーヴェーまでアブダッラーさんの知り合いのドライバーに送ってもらうことにした。彼がいつも頼んでいるドライバーだ。

朝8時に車が到着。今にも壊れそうなポンコツ車である。出発に際し、アブダッラーさんが「彼女はパーヴェーからパランガンに行くから」とドライバーにしっかり伝えてくれる。

村を出ると、しばらく山を登る。ところが、この道が悪路なんてもんじゃなかった。とにかく道がガタガタ。エンストするんじゃないかと気が気じゃない。イランは地図上は細い1本線でしかないような道でも、ちゃんと舗装されていて2車線だったりするのに、ここはそんなインフラ事情からは完全に取り残されている。

車が左右に激しく揺れるため、何度も窓ガラスに頭を打ちつける。しかも右手は切り立った山、左手は谷底。途中ガードレールがない箇所もあり、気が気ではない。幸い対向車がないから良いものの。雨がざあざあ降り続く。黒い雲が山の裾野付近までたれこめている。気が重くなるような風景だ。しかもドライバーはタバコを吸うので、運転席の窓を開けていて、冷たい風が吹きこんでくる。

民家も人気もまったくない無人地帯を走ること1時間。幸いアブダッラーさんの紹介という信頼できるドライバーだから良かったが、ヒッチハイクなんて、とんでもなかった。地の果てみたいな所に、突然村が現れた。ノビン村だ。

シリン村と似た雰囲気の石造りの家が並ぶ。雨をよけて民家の軒先に男たちが立っている。いったい何をやっているんだろう。

ノビン村から先は山を下る。石垣のガードレールがあるところもあるが、ないところもあり、下は崖。道は車1台が通るほどの狭さである。雨は強くなり、雨水が川のように幾筋も流れている。すごい勢いだ。車がこの雨水に流されて谷底に落ちてしまったら、どうしよう？

こんな大雨の中、20頭くらいのヒツジを連れた男が向こうから現れる。傘もさしていない。ヒツジたちもこんな雨の中を散歩させられて気の毒である。

周囲の風景。山裾を細い道が走っている。

どしゃぶりの中をヒツジの放牧をする男性。

パーヴェーに到着したものの……

40分ほどでナオに到着。ナオは家が数件あるだけの集落だった。

ナオを出ると、案の定エンストしてしまった。ドライバーがフロントのボンネットを開け、点検。再び走り出すまでに40分もかかった。

ハジジ村でトイレ休憩。ドライバーがポットに入ったお茶をいれてくれた。小雨になってきた。

ハジジ村からはやっと舗装された道路が現れた。が、パーヴェーまでは意外に距離があり、単調な風景のために眠くなってくる。くねくねした山道。お腹はすくし寒いし、ウトウトしながらも眠ることができない。寒さが増してきたので、とうとう耐えきれなくなり、ドライバーに窓を閉めてもらう。窓は手で持ち上げないと閉まらなかった。

シリン村から3時間、やっとパーヴェーのタクシーターミナルに着いた。車を降りて、雨の中を走って食堂の中に入る。

店の中のストーブに駆け寄った。

あー、あったかい。

店のガラスケースに串に刺さった肉が並んでいた。ドライバーがケバブを食べる。私もつられてレバー焼きを食べた。やわらかい。パンも焼きたてだ。

ドライバーは食べ終わると、私に会釈して行ってしまった。当然パランガン行きの乗り合いタクシーに乗れるものと思っていた。アブダッラーさんがあれだけしつこく彼に念を押していたのだ。だからてっきり店の人に「この人パランガン行くから、タクシーの用意ができたら知らせてあげて」とでも言付けしてくれたものと思い込んでいた。

店では次々にケバブが焼かれ、クルドの民族衣装を着た男たちが次々に食べたり、テイクアウトしていく。誰もが肉をパンに挟み、サンドイッチにして食べている。

（なかなかお呼びが、かからないなあ）

さすがに心配になり、店の人に「パランガン、タクシー？」などと聞くと、何やら言うが意味がわからない。どうやら、ここからパランガンまでのタクシーはなく、まずカミヤランというところまで行かなければならないらしい。

そこでまたのんきな私は、ここからカミヤラン行きのタクシーがあるものと思っていた。

しかしそうではなかったのだ。

どんどん時間が過ぎてゆく。言葉が通じないから、状況がわからない。モナに電話して、カミヤランまでのタクシーがあるのか確認してもらう。なんと別のターミナル（ケルマンシャー・ターミナル）からだという。しかも今の時間カミヤランまでの直通はなく、途中で乗り換える必要があるという。

なんてこった。

ケルマンシャー・ターミナルまでのタクシーを食堂の人が手配してくれた。車で15分くらいだった。

ターミナルにいたドライバーらしき男をつかまえて話を聞くと、やっぱりこの時間カミヤラン行きのタクシーはないという。まずラワンサルという町まで行き、そこで乗り換える。ラワンサルまで40分、カミヤランまで30分、カミヤランからパランガンまで30分くらい。スムーズに行けば今日のうちにパランガンに着けるが、もし他の人が集まらなければ今日は出発しないという。

困った。

事務所のような建物の中でストーブに当たる。

ああ、本当に寒い。

果たしてパランガンに行く意義があるのか？

もうクルドの村は十分見たといえば見た気もする。あえてパランガンに行く意味はあるのか。でもせっかくここまで来たのだから、行ってみてもいいかもという気もする。それなら、車をチャーターすべきではないか？　このまま人が集まるのを待っていたら、日が暮れてしまう。

それともパランガンはやめて、パーヴァーで1泊する？

そんなことを考えていると、一人のチャドル姿の女性が私たちの車に乗り込んだ。

「あと一人だよ」

とドライバー。

でも、それが長いんだよなあ。

タクシーを待つべきか、チャーターするか……。などと考えていると、ようやく一人青年が現れた。なんとかラワンサル行きが出発。午後3時。

パランガンへの道中

緑の低木が生える山々を通りすぎる。登って降りてきて平原に来ると、そこがラワンサルだった。パーヴェーから1時間あまり。

メインストリート沿いにカミヤラン行きのタクシーターミナルがあった。カミヤラン行きの車はすぐに出発。私の他に、マネキンを持った男だけだ。

カミヤランまでの道はのどかな草原地帯。

「今どこ？」

とモナ。

私がパランガンに向かっているのを知っているため、ドライバーと話して私をパランガン行きタクシーターミナルに連れて行ってくれるよう頼んでくれた。タクシー代もしっかり忘れずに。おかげでスムーズに車を乗り換えることができた。本当にモナには感謝である。

パランガンへのタクシーには、後方座席にすでに先客がいた。おばさんが2人。私を乗せてすぐに出発。

ドライバーと女性たちがしきりに何か話している。イランの女性は、とにかくおしゃべりだ。

その2人がふと会話をやめ、「この人、どこの人？　コリアかチャイナか？」「ジャポン」と言うと、一人が「うちにおいで」。

社交辞令もあるのだろうか。てっきり2人ともパランガンに行くのかと思ったが、その手前の村だという。おばさんの家にもそそられるが、パランガンに行かないと時間がない。残念。

おばさんたちの村をすぎると、だんだんと村の風景がクルドらしくなってきた。道端に「パランガン○ｋｍ」という標識が現れる。傾斜する山肌にへばりつくように石の家々が立ち並ぶ村。そんな村を2、3通り過ぎたところで、車は急に山を下り始めた。

やがて山肌にびっしりと家がへばりついた集落が見えた。パランガンだった。

またもや救世主が

時刻は夕方5時半。どうにか暗くなる前にたどりつくことができた。

車を降りると、若者数人に取り囲まれた。一人の黒いクルドの民族衣装の若者が、英語で「今夜この村に泊まりたいのか？　だったら家がある」と言う。

ためしに行ってみると、窓ガラスから家の中が見えた。ちょっとうらぶれた雰囲気で、とても一人で泊まる気にはなれない。だいいち外から部屋がまる見えである。

パーキングからゆるやかに下る坂道をぶらぶら歩き出す。若者たち数人はしつこく何か言い合いながらついてくる。小雨が降っていて寒い。

（ああ、やっぱりさっきのおばさんの家に泊まらせてもらって、日帰りでパランガンに来るべきだったかな。）

パランガンはてっきり田舎の小さな村かと思ったら、観光客を狙った客引きがいるとは。何も用意しないで夜近くに来てしまった自分の不用意を呪った。

ふと前方を見ると、目の前の家の女性が心配そうに私を見ていた。目が合うと「おいでおいで」をする。思わずモナに電話。

「今、パランガンに着いて、家に招いてくれる女の人がいるんだけど、行ってもいいか聞いてみて」

結果はもちろんウェルカムだった。

おばさんは私のスーツケースを持って家に入っていく。廊下を抜けるとリビング。これがまた広い！　彼女は奥の個室に私のスーツケースを置いた。ドアの近くで真っ赤な民族衣装の女性が礼拝をしている。

おばさんは部屋のすみにあるストーブのところに私を招き、「これで温まりなさい」といい、自分も手をストーブにかざして「あー、あったかい」という。その温かな気づかいとストーブのぬくもりに、さっきまでの緊張がゆるゆるとやわらいでいく。

（救われた〜）

礼拝していたのは娘さんだった。終わると私を見て、落ち着いた声でつぶやくように「ウェルカム」といい、キッチンへ行ってお湯をわかしはじめた。いつものことだが全く驚いていない様子に、こちらの方が驚いてしまう。息子さんが入ってくる。ごく自然な様子で「ウェルカム、マイホーム」と言い、床にノートを広げて宿題をはじめた。

すぐに夕食になった。まるで私の到着を待っていたかのようだ。時刻は6時。

娘のフルーザンがストーブの近くにソフラをしき、その上にガラスのお皿やコップを並べる。

メニューはスパゲッティだった。焼きそばのような味だ。もちろんおこげがある。これが美味しい。そしてアーブグーシュト、酸っぱいヨーグルトジュース。

家族3人はひたすらおしゃべりに夢中で、私に興味を示したり質問することもしない。なんだか昔から一緒に暮らしているような不思議な気持ちだ。

後で聞いたがフルーザンの父親は18年前に亡くなっているそうだ。お母さんに兄弟はいない。姉妹4人だけ。両親も亡くなっている。一体どうやって生活を維持しているのだろう？

ここのパンも「ナン・ホウラミ」である。このパンは端の部分が少し厚みがあり、中は薄っぺらい。どこの家でも端の部分は残して、ゴミ箱みたいなものに入れている。捨ててしまうようだ。私はこの端っこの部分が好きなのだが。

フルーザンと友人たち。

食べ終わった食器はすべてフルーザンが片付ける。食後、長男はまた床にノートを広げて勉強。

夜7時くらいに近所の女性たちが子連れでやってきた。リビングにぐるりと輪になってお茶タイム。クルドのティータイムには果物がつきものだ。ここでもホストはフルーザン。各自にお皿とナイフを手渡し、ザクロとリンゴを配って回る。

テレビではクルドの番組が放映されていた。洪水のニュースが多い。家が浸水したとか、車が水に浮かんでいるとか。

夜は一晩中ストーブをつけていた。さすが資源大国である。

来てよかった！　パランガン

翌朝7時。まだ村は朝もやに包まれていた。

家の横に石畳の階段があり、川に向かってゆるやかに傾斜している。それを下りて川伝いを歩いていくと橋があった。川を挟んで反対側にも集落がある。村は川が流れる谷底の両脇の山の斜面を利用して造られている。どの家も石を積み立てたものだ。

橋の上から川向こうの集落に目をやると、人々の営みが遠くに見える。数頭の牛を牛舎から追い立てる人、ロバを連れて歩く人、布団を窓から外に叩いている人、ニワトリに餌をやる人……。

「コケコッコー」とニワトリの鳴き声に混じり、「ブヒー、ブヒー」とロバのけたたましい鳴き声が谷間にこだまする。

山の斜面に建てられた家々は、上の方ほど古いようだ。廃屋になっている家もある。どの家も屋根が平らだが、よく見ると古い家の屋根は土で、新しい家は鉄板だ。

やがて集落をおおっていた霧が徐々に山の上に方に移動していく。

屋根の上でフットボールのような細長い石を転がしている男性がいる。あちらの家にも、こちらの家にも。平らな屋上に干し草をしきつめ、石で踏み固めているらしい。

時々村の人とすれ違うと、にっこりしながら「こんにちは」と声をかけてくれる。「チャイナ」などと下品なことは言われない。穏やかで、過剰にフレンドリーでもなく、良い感じである。

パランガン村。朝のうち家々を覆っていた靄が次第に晴れていく。

子どもたちが2、3人と連れ立って学校へ行く。こちらも少し恥ずかしそうにニコニコしながら「ハロー」とあいさつする。

もっと早くパランガンに来ればよかったなあ。

8時すぎに山の上から太陽が顔を出してきた。だんだんと日差しが温かくなってくる。向かいの集落を歩いて斜面の頂上あたりに行くと、初老の男性に声をかけられた。

「ソフール、ソフール」と言う。

ソフールは朝ごはん。「家によって、朝ごはん食べてけ」ということだろう。ごはんをいただくつもりはないが、家に興味あるので、おじゃまさせていただく。

居間と台所、他に一部屋だけの小さな家だった。奥さんがいて、男性がしきりに彼女に指示を出す。男性はラマザンさん。58歳。奥さんはカハメルさん38歳。

奥さんがヨーグルトとパンを持ってくる。

「うちで作ったヨーグルトじゃよ」

食べてみると、草っぽいさわやかな味がした。

「日本の家には牛がいるのかい？」

いないと言うと、ものすごく悲しそうな顔をした。

「牛は本当にかわいいよ。ミルクを飲んだり、チーズを作ったりできる」

家の裏手は墓地になっていた。そこを抜けて、村の入口に出た。近くに小学校があり、こどもたちの歓声が聞こえてくる。

川をはさんで反対側の集落にも行ってみた。

一軒の家でパンを焼いていた。屋上で男たちが集まり、焼きたてのパンをつまみに話をしている。もう十分に日差しが強くなり、屋根の上はぽかぽかと温かい。

男たちに招かれて屋根の上に立ってみると、川の向かいの集落が見渡せた。屋根の上でひなたぼっこしている人たちが、あちらにも、こちらにも。

温かい日差しに包まれながら焼きたてのパンをほおばる。この上ない贅沢だ。

男たちのうち一人が、何かを口に運ぶしぐさをする。

「12時に昼ごはんだから、食べに来なさい」

屋根の上で日なたぼっこする男性たち。

ラマザンさんと奥さん。

登校途中の女子小学生。

クルド式炊き込みごはん

家に戻ると、フルーザンが昼食の支度を始めるところだった。真っ赤なクルドの民族衣装を着て台所に立つ。

彼女が作っているのは炊き込みごはんみたいなものだ。その料理は18歳とは思えないくらい、手馴れていた。

バターをしいた上にタマネギを入れて炒め、ターメリック、チリ、ニンニクパウダー、カレー粉などを入れ、チキンを入れる。さらにトマトソースを入れる。

一方でごはんを作る。大鍋にたっぷりのお湯をわかし、その中に豆を入れ、塩大さじ2杯と米を入れる。米をやわらかくなったら、お湯を捨てて水で米を洗う。

鍋の底に薄いパンであるラヴァーシュをしき、いためたタマネギと茹でた米を入れて混ぜあわせる。そこにあらかじめ切っておいたにんじん、乾燥野菜などを入れる、残りの米を入れて混ぜあわせる。

台所に立つフルーザン。

「これ、何ていう料理なの？」と聞くと、少しはずかしそうに「イスタンブーリよ」。このおこげは、今回イランで食べた中で一番くらいにおいしかった。

そこへモナから電話。

「何か問題ない？　泊まっている家は、ちゃんとフジヨに食事出してくれるの？」

フルーザンがカミヤランまでのタクシーを手配してくれた。

タクシー乗り場に行くと、午前中に「昼ごはん食べに来い」と言った男性がいた。私を見ると「昼は食べたのか？」。食べたと言うと、「どこで食べたんだ？」。フルーザンの家を指差すと、「それはよかった」と満足そうに言った。

家めしレシピ❻

フルーザンさんの家の「イスタンブーリ（炊き込みごはん）」

❶タマネギとバターを入れて、ターメリック、チリ、ニンニクパウダー、カレー粉などを入れ、チキンを入れる。トマトスープを加える。

❷ごはんを炊く。大鍋にたっぷりの水を入れてゆで、豆をまず入れる。塩大さじ2杯、米を入れ、米が柔らかくなったらお湯を捨てて水で米を洗う。

❸鍋の底にパンをしき、いためた①を入れ、茹でた米を入れて混ぜあわせる。切ったニンジン、乾燥野菜などを入れ、残りの米を入れて混ぜあわせる。

大学の女子寮潜入！

カミヤランから一気にハマダンまで移動したかったが、途中サナンダージで乗り換える必要があるという。

サナンダージ行きのバスの中は全員女子学生だった。

「いっしょに写真撮っていいですか？」

すかさず一人の女子が私のところにやってきた。そして一度撮っても画像が気に入らないのか、2回3回と撮り直す。撮り終わると、別の女子たちが次から次へとやってくる。外の風景をのんびり眺めるヒマもない。何がそんなに楽しいのか、キャーキャーとはしゃいでいる。

彼女たちはカミヤランの出身で、サナンダージの大学の寮に暮らしているという。休暇をカミヤランで過ごし、寮に帰るところだそうだ。

「ハマダンで泊まるところは決まってるんですか？」

バスで乗り合わせた女子大生たち。

最初に声をかけてきた小太りの女子ソライヤが私に聞いた。

「決まっていない」と言うと、

「じゃ、今日は私たちの寮に泊まりませんか？」

そんなことできるの？

半信半疑のまま、サナンダージに到着。


バスは町中の広場に止まった。そこでタクシーに乗り換える。ソライヤが私のスーツケースを持つと、タクシーの荷台に乗せてしまった。

やっぱり寮に泊まるのは本当だったのか……。

女子学生3人と相乗りして寮へ。3人は運転手の兄ちゃんとケラケラ笑いながら冗談を交わし合っている。まったくイラン女性はよくしゃべる。

（部外者が学生寮なんかに行って大丈夫なのか？）

やがて仰々しい大学の正門に到着した。セキュリティがいて、車の後ろの荷台を開けてチェック。しかし乗客の方はノーチェックで、無事通過。

彼女たちの部屋は4階だった。エレベーターはない。ソライヤが私のスーツケースを持ってくれる。

「ごめんなさい、もうひとつ上なの」

つくづく、イランにスーツケースなんかで来るもんじゃないと思う。

廊下の各部屋の前には、靴が無造作に並んでいる。

部屋には他の女子たちもいた。私を見て一瞬びっくりしていたが、すぐに平常にもどる。二段ベッドが4つ。8人部屋だ。電気ヒーターがあって、あったかい。テーブルも椅子もないので、とりあえずソライヤのベッドに座らせてもらう。ベッドの鉄格子にはひもが渡してあり、そこに彼女の服がたくさんぶらさがっていた。

ソライヤは目の前で上着を脱ぐと、ブラジャー姿になり、タンクトップに着替えた。そして私に水を入れてくれる。

このクルディスタン大学は1200人くらいの学生がいるそうだ。創立80年ほど。

「夕食にパスタはどうでしょうか?」

とソライヤ。

ここでは学食などはなく、食事は自分たちで用意する。キッチンがあり、料理する時はそこへ鍋や釜を持って行く。部屋のすみに調理器具が置いてある。部屋には1つ共同の冷蔵庫があり、そこから食材を出してキッチンに持って行く。

キッチンは広かった。小さな流しとガス台がセットになったものが数組置かれている以外は、何もない。

ソライヤともう一人の女子2人が、今日の食事当番。

パスタソースの具は「ソヤ」という大豆原料の乾物で、水で戻して料理する。まずソヤをゆで、10分後に水を捨て、ゆで上げたソヤを水で洗う。フライパンに油をしいて、ソヤを炒める。そこに缶詰のトマトソースを入れる。もちろんパスタにはちゃんとおこげを作る。

他の部屋の女子たちが入れ代わり立ち代りやってくる。太ももにぴったりつくジャージにタンクトップ、ホットパンツなど体の線が見える服装が多い。料理しながら鼻歌を歌っている女子もいて、20畳ほどのキッチン全体に鼻歌がひびく。まさに女子校のノリ。

寮の食事風景。

女子大生の恋愛事情

出来上がった料理を部屋に運んで行く。ビニールのソフラの上にどーんとコーラの1リットルサイズのペットボトルが置かれ、その周りに人数分のお皿とフォーク、スプーンをセッティング。床に座ってソライヤが野菜を手で切る。それにヨーグルトと塩を加えて、ぐるぐるとかきまぜる。

料理の周りに皆があぐらをかいて座る。6人のうち2人は英語専攻だった。

「この寮の住み心地はどう?」

マリアムという英語専攻の女子にたずねると、

「うーん、イマイチだわ。だから私、近々自分でアパート借りて住むつもり」

「ええ、そんなことできるの?」

イスラム圏では、未婚女性の一人暮らしは一般的ではない。

「まったく……あなたって、そうとう西欧のメディアに洗脳されてるわね。できるにきまってるじゃない」

もちろん寮の方が安い。寮は1学期（3カ月）の滞在費が50ドル。アパートは1カ月最低70ドルはするそうだ。

「結婚しないで住んでるカップルだってたくさんいるわよ」

「えー、そうなの？」

私の反応に彼女はあきれて、

「日本じゃダメなの？　そんなことないでしょう？」

もう一人の女性アレズが加わる。

「特にテヘラン、シーラーズ、サナンダージ、ラシュトあたりは、そういうカップルがけっこういるわね」

しかしこれは場所によりけりで、保守的な地域では許されないところもあるそうだ。イスファハンは観光地だが、宗教熱心な人が多いそう。

イランでは小学校は男女共学で、中学・高校は別々、大学でまた共学になる。イランの大学はこの大学を含めてほとんどが共学で、男子寮は別の場所にある。当然大学内で知り合って付き合ったり、一緒に暮らす男女もいる。

アレズのボーイフレンドはテヘランに住む36歳の実業家だ。

「そろそろ婚約じゃない?」

「もう少し時間が必要だわ。知り合って4カ月だもの」

マリアムは「結婚なんか信用してないわ。しょせん紙切れ一枚の問題でしょ」と言いつつ、彼女にもボーイフレンドがいて、来春には婚約を考えているという。彼女は近くの町で英語教室を経営している。週3日だけ大学で勉強し、その間だけ寮に住むそうだ。マリアムは30歳、アレズは26歳と、同室でも年齢は様々。結婚している女性もいる。

見回りの女性がやってくる。ちゃんと寮生が部屋にいるかチェックするのだ。一瞬ひやっとしたが、何のお咎めもなく、私を見て「彼女、クルド語話せるの?」と笑っていた。

その後は皆絨毯の上に資料やノートを広げて勉強。しかしけっこうおしゃべりしたりしているから、どれだけ集中できるのか、はなはだ疑問である。

ソライヤが私のために自分のベッドを貸してくれた。彼女は友人のベッドで2人、川の字になって寝た。

それにしても、旅の最後の宿が大学の女子寮になろうとは。

家めしレシピ❼

ソライヤさんの「ソイ・パスタ」

❶「ソヤ」(乾燥大豆)を水に浸してやわらかくする。

❷やわらかくなったら、水ですすぎ、油をしいたフライパンの上で炒める。

❸そこに缶詰のトマトソースを入れる。

❹ゆでたパスタをフライパンで炒める。

❺③と④を別々の皿にもりつける。

最後くらいボラれても

朝は早い時間の授業がある女子から朝食の用意。ソフラを広げ、その上にパンやジャムなどを並べる。

食べ終わると念入りに化粧。各自が自分のスチームアイロンを持っていて、それで前髪を整えたりしている。8時過ぎには授業に出かけて行く。

授業のない女子の一人が、ベッド脇で野菜を切っている。ボーイフレンドとピクニックに行くそうだ。野菜を切り終わると、こんどは鍋に水と米を入れてといでいる！　本当にイラン人は米好きだ。イランの場合ピクニックといえば、「米」なのである。

いよいよ日本へ。

サナンダージからテヘランまで一気にバスで移動する。7時間の道のりだ。

マリアムとバスターミナルへ。

朝10時すぎに出発。サナンダージは2つのバスターミナルがあり、そのうちの1つ「テヘラン・ターミナル」だ。

あいかわらず空気は冷えきっていた。ズボンの下にスパッツをはき、ダウンジャケットも着こむ。

「結婚したら仕事はどうするの？」

マリアムに聞いた。

「きまってるじゃない、働くわよ。今のイランの若い男は働く女性が好きなのよ」

その方が社交性や社会性があると思われているそうだ。

「この国の女性がなれないのは裁判官と大統領だけ。女性は心理的に影響されやすいと思われているのよ。全く根拠がないと思うけど」

イランには女性パイロットが数名いるそうだ。ただ女性は海外に行くのに夫か父親の許可が必要だ。また結婚には父親の同意が必要だという。

「だからこそ、女は男よりも学び続ける必要があるのよ。イランだけでなく世界中でね。自分の居場所を確保するために」

イラン女性は抑圧されているというイメージがある。確かにそういう一面もあるだろう。

しかし私がこれまで旅した中では、「抑圧」をイメージすることは非常に少なかった。もちろん不幸な女性はイランにもいるにちがいない。しかしそれは、日本にもアメリカにも不幸な女性がいるのと全く同じことではないか？

ターミナルについてタクシー代を払おうとすると、「そんなのありえないわ」とマリアム。おまけにテヘランまでのバス代まで払ってくれる。

「あなたは私のゲストよ」

バスの運転手のところに行って電話番号を聞く。

「フジヨがちゃんとロバートキャリムで降りてタクシー拾えたか、あとで彼に電話して確かめるから」

空港はテヘランの手前のロバートキャリムという町にある。そこでバスを下りて、あとはタクシーだ。

ロバートキャリムに着き、バス前に止まっていたタクシーに乗り込んだ。タクシー代をきくと、30万リアル（約８００円）だという。ちょっと高い。地図で見ると空港はすぐ近く。だがドライバーは「25キロある」と言い張る。

実際にはたったの5分で空港に着いてしまった。

クソー、ぼられたか。これなら3万リアルくらいで十分だったのに。最初に交渉したのが間違いだった。着いたら、さっと3万払う。これで良かったのだ。

このところ人の良いイラン人に囲まれすぎたおかげで、すっかり神経が伸びきってしまったようだ。

まあいいか、これくらい。これまで散々良い目にあわせてもらったのだから。

空港に着くまでも、着いてからも、モナ、マリアムから何度も電話があった。

そして偶然にも、チェックインした直後にミトラから電話が。彼女は3日に1回くらい私に電話をくれていたが、英語が話せない彼女とは、「今どこ?」「元気?」くらいしか会話が成り立たなかった。私の「空港」、「ジャポン」という言葉から、日本に帰国することを知ったらしい。「えー、そうなの!」と驚いている。

お酒が飲めない。女性は外国人でもスカーフをかぶらなければならない。不自由なことも確かに多いイラン。

でもそれを補ってあまりあるほどの人の良さがある国。

私にとってイランとの出会いは、すなわちイラン人との出会いである。

旅の印象は、出会った人との印象である。

またきっといつかここに戻ってくるだろう。

このおせっかいで温かな人々に会いに。

〔口絵・本文写真〕常見藤代

常見藤代（つねみ・ふじよ）

イスラム・エスノグラファー。上智大学法学部卒業後、取材のテーマを探してアジア・アフリカを放浪。その旅でイスラムの人々の温かさに感銘を受け、イスラムをテーマにすることを決意。以後20年以上にわたり人々の中で生活しながら、イスラム社会の魅力を伝え続けている。2003年よりエジプトの砂漠で一人で遊牧する女性サイーダと暮らす。2012年「第19回旅の文化研究奨励賞」受賞。著書に『女ノマド、一人砂漠に生きる』（集英社）、『女ひとり、イスラム旅』（朝日新聞出版）、『イスラム流 幸せな生き方』（光文社）などがある。

わたしの旅ブックス

010

イランの家めし、いただきます！

2019年4月25日　第1刷発行

著者――――常見藤代

ブックデザイン――マツダオフィス
DTP――――角 知洋_sakana studio
編集――――佐々木勇志（産業編集センター）
地図作成――――山本祥子（産業編集センター）

発行所――――株式会社産業編集センター
〒112-0011
東京都文京区千石4-39-17
TEL 03-5395-6133　FAX 03-5395-5320
http://www.shc.co.jp/book

印刷・製本――――株式会社シナノパブリッシングプレス

ISBN978-4-86311-222-3